UN GRAND
week-end

VENISE

Venise change de visage comme de ciel, s'illuminant ou se couvrant de brume. Elle se fait majestueuse, avec son Grand Canal bordé de palais et sa grandiose place Saint-Marc. Son réseau de canaux labyrinthiques où voguent gondoles, *vaporetti* ou *topette* (les barques traditionnelles) la rend unique. Mais Venise est aussi tour à tour savoureuse, grâce à sa gastronomie qui a le goût de l'Orient et la fraîcheur de la mer ; intime, dans le quartier populaire de Castello ; ou vivante, à Cannaregio et Dorsoduro. À chaque voyage, elle continue de nous enchanter. Adresses coups de cœur, expériences uniques, visite des incontournables... *Un Grand Week-end* vous ouvre toutes les portes de la Sérénissime.

Le Grand Canal et Santa Maria della Salute

Notre auteur, Lucie Tournebize, est une Française qui vit au rythme de Venise. Passionnée d'Italie, elle raconte sa vision du pays sur son blog ***L'Occhio di Lucie*** (« L'Œil de Lucie », http://occhiodilucie.com). Elle a posé ses valises dans le quartier de Cannaregio pour découvrir un visage authentique et unique de la Sérénissime, qu'elle partage avec nous au fil de ces pages.

Notre photographe, Mark Edward Smith, est spécialisé dans les photos de voyage, d'art et d'architecture et collabore avec de nombreux magazines tels *New York Times, Herald Tribune, Paris Match* ou *Harpers Bazar.* Il a également été photographe officiel de la municipalité de Venise pendant plusieurs années. Il nous livre ici son regard d'expert sur le patrimoine de la ville.

Un Grand Week-end sur les réseaux sociaux

Suivez-nous sur *Facebook*, *Twitter* et *Instagram* **@Ungrandweekend**

Vous y trouverez nos photos coups de cœur, nos expériences uniques et, surtout, une réponse personnalisée à toutes vos questions.

Et si vous y contribuiez ? Nous aimons beaucoup voir nos guides en voyage : postez une photo de votre guide en situation et taguez-nous, nous partagerons les plus belles photos et récompenserons régulièrement les plus appréciées.

Les incontournables DE VENISE

PLACE ET BASILIQUE SAINT-MARC

Piazza San Marco et Basilica San Marco

Seule place de Venise à porter le nom de *piazza*, signe de son importance dans la vie et le cœur des Vénitiens, l'immense place Saint-Marc ne se présente plus. C'est tôt le matin qu'elle est la plus belle, avant le débarquement du flot de touristes. Quant à sa basilique, riche de quelque 4 000 m² de mosaïques, elle recèle d'innombrables œuvres d'art. Voir p. 26 et 27.

PALAIS DES DOGES

Palazzo Ducale

Le palais des Doges est l'exemple phare de l'architecture gothique à Venise. S'y cachent des salles toutes plus opulentes les unes que les autres, décorées tantôt par Véronèse, tantôt par le Tintoret. Les prisons détenaient les condamnés dans des cellules exiguës. Voir p. 29.

CA' REZZONICO

Ce majestueux palais du XVIIIe s., tout en marbre, trompe-l'œil et plafonds peints, est un magnifique exemple du faste des demeures vénitiennes de l'époque. Ses collections permettent une plongée plus intimiste dans la Venise du XVIIIe s. grâce aux œuvres de Longhi ou Guardi. Voir p. 62.

SANTA MARIA DELLA SALUTE

À la croisée du Grand Canal et du Rio della Salute se dresse l'église Santa Maria della Salute. Ce monumental exemple du baroque vénitien renferme des chefs-d'œuvre de la peinture italienne, comme *Les Noces de Cana* du Tintoret. Voir p. 59.

GALLERIE DELL' ACCADEMIA

Le plus grand musée de Venise possède une quantité de chefs-d'œuvre qui donne le tournis. Vous aurez ici un panorama éblouissant de la peinture vénitienne du XIVe au XIXe s. Voir p. 53.

PUNTA DELLA DOGANA

L'ancienne Douane de la mer, à la pointe du Dorsoduro, accueille sur 3 000 m² les œuvres de grands artistes des XXe et XXIe s. dans des expositions jumelées avec le Palazzo Grassi, sur le Grand Canal. Voir p. 61.

LE PONT DU RIALTO ET SON MARCHÉ

Ponte di Rialto

Autour du plus ancien pont à enjamber le Grand Canal, voici le cœur de Venise ! Celui-ci bat chaque matin sur son marché coloré et parfumé, entre le Campo dell' Erberia et la Pescheria. Voir p. 68 et 70.

GHETTO

Le quartier juif de Venise est le 1er ghetto au monde ! Enclave aujourd'hui ouverte, c'est un recoin surprenant chargé d'histoire, qui séduira les lecteurs de *Corto Maltese*. Voir p. 94.

SCUOLA GRANDE DI SAN ROCCO

Imaginez 2 étages entièrement décorés de peintures du Tintoret et vous aurez une idée de cette pure merveille, édifiée au début du XVIe s. Le 1er étage est particulièrement spectaculaire. Voir p. 75.

PONT DES SOUPIRS

Ponte dei Sospiri

Il est l'un des emblèmes de Venise ! Accolé au palais des Doges, il permettait le transfert des prisonniers du tribunal jusqu'à leurs cellules, de l'autre côté du canal, et inversement. C'est le seul pont entièrement fermé de la ville. Voir p. 78.

CA' D'ORO

L'un des plus beaux palais sur le Grand Canal ! Depuis ses balcons, la vue sur le Rialto est magnifique. Le palais abrite peintures, tableaux et bronzes religieux des XVe et XVIe s. Voir p. 97.

BURANO

Située au nord de Venise, l'île de Burano enchante le regard. À l'origine, les façades des maisons furent peintes par les pêcheurs en couleurs vives, toutes différentes, pour qu'ils puissent se repérer et reconnaître leur maison en cas de brume. Burano est également réputée pour sa dentelle à l'aiguille, pratiquée depuis le XVIe s. Voir p. 113.

10 expériences UNIQUES

DESCENDRE LE GRAND CANAL EN *VAPORETTO*

De jour comme de nuit, les *vaporetti* (p. 207) se croisent sur le plus beau « boulevard » du monde. Les palais défilent tandis que vous contemplez leurs façades démultipliées en reflets colorés. Spectaculaire !

FAIRE SON MARCHÉ SUR UNE BARQUE

Originaux et pittoresques, certains marchés sont installés sur... des barques amarrées au pied du Ponte dei Pugni donnant sur le Campo San Barnaba (plan B4) ou sur le petit canal à l'extrémité de la Via Garibaldi (plan E4). Commandez, depuis le quai, de quoi cuisiner ou préparer un goûter.

PLONGER DANS LES SECRETS DU PALAIS DES DOGES

Alternative à la visite traditionnelle, le parcours « Itinéraires secrets » *(Itinerari segreti)* donne accès à des salles cachées et livre notamment l'histoire des services secrets de la Sérénissime (p. 212)...

SE BALADER SUR UNE ÎLE-CIMETIÈRE

Derrière les murs de l'île de San Michele, les tombes veillent au repos des défunts. Une promenade mélancolique qui offre une belle vue sur Venise à travers les anciennes grilles d'accès à l'île (p. 107).

SE LAISSER PORTER VERS L'ÎLE DE TORCELLO

Fleurie au printemps, enveloppée de brume l'hiver, c'est l'île la plus poétique de la lagune (p. 115). Du haut de son campanile, le regard embrasse tous les méandres de l'eau et de la terre.

PRENDRE UN VERRE AU MOLINO STUCKY

Sur l'île de la Giudecca, cet ancien moulin abrite désormais un hôtel tendance (p. 100). Au 8e étage, une terrasse avec piscine et une vue vertigineuse sur la cité des Doges s'apprécient un verre à la main, face au soleil couchant.

PROFITER DE LA BIENNALE POUR POUSSER TOUTES LES PORTES

Des docks de l'Arsenale (p. 83) à la salle de bal du palais Zenobio (p. 64), une centaine de sites habituellement fermés sont ouverts au public à l'occasion de la Biennale. Une occasion unique !

S'EMBARQUER POUR UN *BACARO TOUR*

La gastronomie locale se déguste debout, sous forme de *cicchetti* (amuse-bouches) au comptoir des *bacari,* ces bars populaires (p. 131). Sur les quais de la Misericordia ou dans les ruelles du quartier Saint-Marc, on se promène gaiement d'un bar à l'autre, jusqu'à la fermeture.

GOÛTER AU MYSTÈRE DE VENISE DÉSERTE

À la nuit tombée ou à la belle lumière de l'aube, Venise est plongée dans le silence. Décalez votre emploi du temps et parcourez la ville figée avec ses canaux noirs.

FAIRE UN PIQUE-NIQUE À SANT'ELENA

Au-delà des Giardini, la Pinède de Sant'Elena (p. 85), rare poumon vert de Venise, est le lieu idéal pour un pique-nique au bord de la lagune, avec vue sur le quartier Saint-Marc et l'île du Lido.

Activités
100 % LOCALES

PRENDRE UN COURS DE PHOTOGRAPHIE ITINÉRANT

Capturez les mille et un reflets colorés de Venise lors d'une balade avec Riccardo, **guide et photographe professionnel.** Ses ateliers allient formation aux techniques photographiques de base et exploration des ruelles, pour mieux saisir l'âme de la ville.

Cours collectif de 3h, 180 €/4 pers. en anglais • Résa sur www.venicetours.photo

S'INVITER À DÎNER CHEZ LES VÉNITIENS

Les Cesarine, membres d'un réseau de **chefs à domicile,** vous ouvrent les portes de leur maison et de leur cuisine. Laissez-les vous révéler les secrets gastronomiques des Vénitiens avant de passer à table tous ensemble. Une expérience très conviviale !

Tarifs variables selon le thème de la soirée et le nombre de participants • Infos et résa sur https://cesarine.com

PEINDRE SON MASQUE VÉNITIEN

Personnalisez votre masque vénitien chez **Ca' Macana,** où des artisans organisent des ateliers de décoration de masques. C'est l'occasion d'en apprendre plus sur cet accessoire, autrefois porté jusqu'à 6 mois dans l'année **(p. 189).**

RAMER OU PAGAYER SUR LES CANAUX

Venise change de visage quand on l'explore au fil de l'eau. En **gondole ou en kayak,** faites-en l'expérience et prenez jusqu'à la place du gondolier. Souvenir inoubliable : le passage sur le Grand Canal qui fait se sentir minuscule face au gigantisme des palais **(p. 66).**

ASSISTER À UN CONCERT

Venise est une ville de musique animée par de nombreux concerts, et les occasions ne manquent pas : que ce soit dans une **église** (San Vidal, voir p. 44), dans un **palais** (Scuola Grande di San Giovani Evangelista ou Palazetto Bru Zane, voir p. 166) ou **sur une île** face à la lagune (île San Giorgio Maggiore, auditorium Lo Squero de la Fondazione Giorgio Cini, voir p. 103). **Tarifs variables.**

SE LA COULER DOUCE

En été, les Vénitiens prennent le large sur l'**île du Lido.** Au programme : baignade sur ses plages ou balades à vélo. **Accès par le vaporetto, lignes 1, 5.1 et 14 (depuis San Marco San Zaccaria), lignes 2 et 10 (depuis San Marco Giardinetti).**

Les grands hôtels vénitiens vous font rêver ? Filez jusqu'à l'Isola delle Rose, investie par l'**hôtel Marriott.** Sa piscine en plein air et son Spa en bord de lagune en font un lieu unique...
Spa : 50 €/3h • Accès par bateau privé (gratuit) • www.marriott.fr

Un grand week-end SUR MESURE

Première fois à Venise ?

Nous avons découpé la ville en 16 quartiers. Évidemment, en 3 jours, vous ne pourrez pas faire toutes ces balades. Alors suivez notre programme pour voir l'essentiel et prendre le pouls de la ville ; et à vous de voir si vous voulez remplacer telle visite par une autre en fonction de vos centres d'intérêt...

PREMIER JOUR

➡ Point de départ de votre périple, la place Saint-Marc est à découvrir au petit matin (quartier 1). Entrez dans sa basilique dès l'ouverture, puis déambulez jusqu'au pont des Soupirs (quartier 11), en passant devant le majestueux palais des Doges, que les passionnés d'histoire pourront visiter.

Campo San Polo

Autrement, continuez vers le Campanile : d'en haut, la vue est imprenable sur la lagune. Au Caffè Florian (p. 31), sous les lustres et les dorures, accordez-vous une pause iconique au son de l'orchestre (en été).

➡ Dirigez-vous ensuite vers le Campo Santo Stefano, en admirant au passage le théâtre La Fenice (quartier 2).

➡ De là, faites votre choix parmi 3 grands musées : le Palazzo Grassi (quartier 3) ou bien les Gallerie dell'Accademia, de l'autre côté du pont du même nom (quartier 5), ou encore la Collezione Peggy Guggenheim (quartier 6). Puis c'est déjà l'heure du *spritz*, à siroter par exemple chez Al Squero (p. 161) !

DEUXIÈME JOUR

➡ Commencez la journée par un petit déjeuner gourmand au cœur du quartier de San Polo avant de passer la porte de l'église gothique des Frari (quartier 9), la plus vaste de Venise. Si vous avez envie de voir des œuvres d'art, le Tintoret vous attend, à quelques centaines de mètres, dans les salles de la Scuola Grande di San Rocco (quartier 9), entièrement décorée par le *maestro* vénitien.

➡ Empruntez ensuite le *vaporetto* vers Cannaregio et son Ghetto juif (quartier 13), ancienne enclave qui continue de surprendre les promeneurs. Pour le déjeuner, les terrasses de la Fondamenta della Misericordia vous invitent à une agréable pause au bord du canal.

➡ L'après-midi, flânez dans le quartier de Cannaregio, en vous dirigeant lentement vers Castello. Sur le chemin, on s'arrête, au choix, à la Ca' d'Oro (quartier 13), palais gothique devenu musée, ou sur le Campo Santi Giovanni e Paolo (quartier 12), où jouent les enfants à la sortie de l'école. On termine agréablement la journée par un *aperitivo* ou un dîner à la Taverna Al Remer (p. 169), bar caché sur une petite place au bord du Grand Canal.

TROISIÈME JOUR

➡ De bon matin, le Campo Santa Margherita a l'allure d'une place de village (quartier 7). C'est le coin idéal pour faire les boutiques, tout en vous dirigeant vers les Zattere, d'où vous pourrez admirer l'île de la Giudecca. Découvrez la collection de la Punta della Dogana, puis

La terrasse du Caffè Florian

entrez dans la baroque Chiesa della Salute (quartier 6).

➡ Il est temps de visiter la somptueuse Ca' Rezzonico (quartier 7) et de plonger dans les gloires passées de Venise.

➡ En *vaporetto*, remontez vers le pont du Rialto, que vous pourrez admirer depuis la terrasse du Fondaco dei Tedeschi (quartier 4). Enfin, traversez le pont pour vous rendre sur le Campo dell'Erberia pour dîner dans l'une des *osterie* typiques du quartier.

NOS CONSEILS DE VISITE

➡ La place Saint-Marc s'apprécie davantage tôt le matin, avant l'arrivée des touristes.

➡ Le marché du Rialto a lieu tous les jours, sauf le lundi.

Déjà venu ?

Vous connaissez déjà les incontournables de Venise ? Cap sur les îles de la lagune pour des promenades plus au calme et sur un quartier excentré mais charmant, Castello...

Burano

CASTELLO
(QUARTIER 11)

Castello, avec son Arsenale, ses Giardini - investis chaque année par les Biennales d'art ou d'architecture -, son Musée maritime et sa Scuola di San Giorgio degli Schiavoni, est plein de charme. De là, vous pouvez vous rendre sur le paisible îlot de San Pietro.

LA GIUDECCA ET SAN GIORGIO MAGGIORE
(QUARTIER 14)

À quelques encablures du centre de Venise, ces deux îles sont facilement accessibles. Choisissez la Giudecca pour une promenade au calme sur les quais. Sur sa voisine, montez au sommet du campanile de San Giorgio Maggiore, qui offre une superbe vue sur la lagune.

MURANO, BURANO, MAZZORBO ET TORCELLO
(QUARTIERS 15 ET 16)

Ces îles plus éloignées (Burano, la plus lointaine, est à environ 40 min du centre de Venise) valent vraiment le détour. L'île de Murano, dédiée à la fabrication du verre, attire les touristes venus admirer les artisans. La petite Torcello, avec ses deux églises médiévales, est plus confidentielle, et la vue depuis son campanile est délicieuse. Enfin, Burano, avec ses ravissantes maisons multicolores, et Mazzorbo, avec ses vignes, reliées entre elles par un pont, sont un enchantement.

AVEC DES ENFANTS

Les glaces, les parties de foot sur les *campi*, les grimaces des masques et les maisons colorées de Burano les amuseront. Tandis que les animaux sculptés dans les bas-reliefs, les histoires de gondoles et de carnaval stimuleront leur imagination...

Ils aimeront le **Museo di Storia Naturale** pour sa superbe galerie d'animaux naturalisés, ses collections d'insectes et de papillons, ainsi que son squelette d'*Ouranosaurus nigeriensis* reconstitué grandeur nature *(Fondaco dei Turchi, 1730, plan G6, Ⓥ Riva di Basio ou S. Stae ; ☎ 041 275 02 06 ; www.visitmuve.it ; juin-oct. : mar.-dim. 10h-18h ; nov.-mai : mar.-ven. 9h-17h, sam.-dim. 10h-18h, dernière entrée 1h avant ; entrée : 8 €, 5,50 € pour les - 14 ans, gratuit pour les - 6 ans).*

Le **Palazzo Grassi** organise des activités spéciales pour les ados et les familles *(☎ 041 200 10 57 ; www.palazzograssi.it/fr/education/teens/the-activities/ ; durée 1h30)* du mois d'avril au mois de décembre le samedi à 15h à la Punta della Dogana *(plan C4, Ⓥ Accademia ou Zattere)* ou à 17h au Palazzo Grassi *(plan G8, Ⓥ San Samuele).*

À noter aussi que le **Palazzetto Bru Zane** propose des activités en famille autour de la musique, en français ou en italien *(Campiello del Forner o del Marangon, 2368, plan G7, Ⓥ San Tomà ; www.bru-zane.com).*

Arsenale

Fêtes & FESTIVALS

Janvier

Nouvel An

Au lendemain des feux d'artifice du bassin de Saint-Marc, les baigneurs se retrouvent sur la plage du Lido pour le traditionnel bain du 1er janvier.

Befana

Dans la nuit du 5 au 6 janvier, les petits Vénitiens reçoivent bonbons et cadeaux pour fêter l'Épiphanie. En Italie, c'est une vieille dame aux allures de sorcière qui tient lieu de saint Nicolas.

Février

Festa delle Marie

Le 24 février se tient l'une des plus anciennes fêtes de Venise. Elle célèbre la victoire vénitienne de 943 sur des pirates venus enlever douze jeunes fiancées le jour de la fête des Mariages. Un cortège formé par de jeunes gens en tenues d'époque relie l'église Saint-Pierre à la place Saint-Marc.

Carnaval

La fête emblématique de Venise commence 9 jours avant Mardi gras et se termine le mercredi des Cendres. Si le Carnaval de Venise a perdu en authenticité, il reste l'occasion d'un déploiement de faste extraordinaire. Du 8 au 25 février 2020.

www.carnevale.venezia.it

Avril

Su e Zo per i Ponti

Le 7 avril est organisée une marche au cours de laquelle « on monte et on descend les ponts » de la ville. Les bénéfices de cet événement sont reversés à des œuvres de bienfaisance.

www.suezo.it

San Marco

Le 25 avril, les autorités religieuses organisent une procession à la basilique en l'honneur du saint patron de la ville. La tradition veut que les Vénitiens offrent un bouton de rose à leur dulcinée.

Mai

Biennale d'art contemporain

Elle a lieu les années impaires. Des artistes internationaux investissent les jardins de la Biennale et d'autres lieux en ville.

Biennale d'architecture

Elle a lieu les années paires. Les architectes du monde entier investissent l'Arsenale et les Giradini, ainsi qu'une multitude de lieux en ville. Du 23 mai au 29 novembre 2020.

Vogalonga

Le 31 mai 2020, des embarcations conduites par des passionnés de rame du monde entier participent à cette course d'endurance de 30 km entre les îles de la lagune. Départ en face du palais des Doges.

www.vogalonga.com

Juin

Festa de la Sensa

L'Ascension était la fête la plus importante de la ville sous la République. À cette occasion, le doge jetait un anneau dans l'eau en signe d'alliance avec la mer. Aujourd'hui, c'est le maire qui perpétue cette tradition. Vers 10h, il embarque sur un bateau, imité par nombre de Vénitiens. Une messe est ensuite célébrée, suivie de danses folkloriques. Les 1er et 2 juin 2020.

Juillet

Festa del Redentore

Le 3e week-end de juillet (18-19 juillet 2020), Venise célèbre la fête du Rédempteur pour commémorer la fin de l'épidémie de peste en 1575-1576. Dans la nuit du samedi au dimanche, grand spectacle avec feux d'artifice, danses et chants.

Août

Mostra de Venise

Ce grand festival de cinéma réunit les artistes du 7e art au Lido durant 2 semaines en août et en septembre.

Septembre

Regata Storica

La Régate historique a lieu le 1er dimanche de septembre depuis 1493. La compétition est précédée d'un cortège d'embarcations anciennes menées par des équipages en costumes.
Le 6 septembre 2020.
www.regatastorica venezia.it

Homo Faber

Un mois dédié aux artisans et designers du monde entier, qui exposent leur savoir-faire en direct devant le public, sur l'île de San Giorgio, dans la prestigieuse Fondation Cini. Du 11 septembre au 11 octobre 2020.
www.homofaberevent.com

Octobre

Marathon de Venise

C'est le marathon qu'il faut, paraît-il, avoir couru au moins une fois dans sa vie ! Pour participer à cette épreuve (en format complet ou sur 10 km), il faut vous rendre à Venise le 25 octobre.
www.huaweivenice marathon.it

Décembre

Marché de Noël

Le marché de Noël a lieu chaque année, généralement sur le Campo San Polo, du 1er au 24 décembre. Produits typiques, décorations de Noël, objets confectionnés par des artisans locaux et même patinoire...

Crèches

La tradition des crèches est bien ancrée dans la lagune. Chaque église accueillant des santons est signalée par une étoile lumineuse sur son parvis.

PLUS D'INFOS SUR INTERNET

- **www.turismovenezia.it** ou **www.comune.venezia.it** pour les fêtes religieuses et les événements culturels.
- **www.labiennale.org** pour la Biennale d'art contemporain, d'architecture, la Mostra, les festivals de danse et de musique contemporaines...
- **www.agendavenezia.org** pour les expos, concerts, traditions vénitiennes.
- **www.visitmuve.it** pour tout ce qui concerne les musées de la ville (expos, tarifs, etc.).
- **www.carnevale.venezia.it** pour tout savoir sur le Carnaval, ses traditions et ses manifestations...

Visites

PAR QUARTIER

Ruelle de la pointe du Dorsoduro

À SAVOIR

VISITER VENISE

Nous avons découpé la ville en **16 petits quartiers,** que vous pouvez tous visiter à pied. Les quartiers 1 à 13 sont situés dans le centre de Venise et se rejoindront très facilement. Le Cannaregio (quartier 13) est un peu plus excentré, de même que l'Arsenale (quartier 11). Quant aux îles (quartiers 14 à 16), si leur taille vous permet de les visiter à pied, il vous faudra emprunter un bateau pour les rejoindre.

Santa Maria della Salute

LIRE LES CARTES

→ Chaque visite est accompagnée d'un plan détaillé sur lequel nous avons placé tous les **points d'intérêt** du quartier.

→ Les **pastilles de couleur** indiquent nos bonnes adresses de **restos,** de **bars** et de **boutiques.**

→ Le numéro de la pastille colorée correspond à celui attribué à chacune des adresses. Reportez-vous au chapitre concerné pour lire la notice de l'établissement.

La lagune de Venise

SE DÉPLACER

À pied, vous arpenterez facilement le centre de Venise, pas très étendu. Vous découvrirez ainsi les petits canaux si typiques de la lagune.

Le *vaporetto*, l'un des gros bateaux qui sillonnent le Grand Canal, est le moyen le plus simple pour se déplacer d'un quartier à un autre ou sur l'une des îles de la lagune. Les arrêts sont assez rapprochés, et des ponts ou les *traghetti* (des gondoles où l'on voyage debout, p. 209) vous permettront ensuite de rejoindre l'autre rive.

RÉSERVATIONS ET COUPE-FILES

Réservez sur Internet l'accès à la terrasse panoramique (gratuite) du Fondaco dei Tedeschi (p. 51). Pensez aussi à réserver votre dîner au restaurant, surtout le week-end.

→ **Conseils :** arpentez les lieux très touristiques (place Saint-Marc, pont du Rialto...) assez tôt le matin, avant l'arrivée massive des visiteurs. Emportez avec vous un châle et des pantalons longs pour visiter les églises (les épaules nues et les shorts y sont interdits).

→ **Pass :** le Silver City Pass est le pass coupe-file le plus économique pour visiter les principaux musées et monuments de la ville (p. 211).

GRATUITÉ

→ **La Settimana della Cultura** (avril) permet de découvrir gratuitement les musées et monuments nationaux ou municipaux (9 jours, dates et listes des sites p. 210).

LA NAISSANCE de Venise

Née dans la boue, bâtie sur l'eau, élevée sur des milliards de pilotis, illuminée d'un destin hors du commun, Venise se dote d'une république quand l'Europe ne connaît que monarchies ou empires. Mieux : elle réussit l'exploit de maintenir son indépendance et sa puissance pendant 1000 ans !

Le Campanile et le lion de saint Marc

Rien que des marécages !

Au Ve s., afin de fuir les invasions barbares, les Vénètes de la côte trouvent refuge dans la lagune, immensité saumâtre et inhospitalière. Pourtant, les marais qui cernent Murano, Burano et l'archipel du Rialto vont constituer un **rempart** aussi dissuasif que des murailles.

Dominer l'Adriatique

Les habitants assèchent les marécages et développent la pêche et le commerce. Venise conquiert la côte dalmate, la Crète, Chypre, Gênes – sa rivale –, Vérone, Padoue, Damas... Son empire s'étend jusqu'à la mer Noire et Constantinople. Elle **règne en maître sur l'Adriatique** et le trafic maritime entre Orient et Occident. Puissance internationale, Venise frappe sa propre monnaie et nomme elle-même ses évêques. Elle met au point le lazaret (léproserie) et le principe de la quarantaine.

Un commerce florissant

Les marchands vénitiens profitent de l'essor de la cité au XIe s., œuvrant librement dans les ports de Méditerranée. Les riches marchands peuvent s'appuyer sur les **comptoirs** qui se multiplient, Venise devenant le passage obligé des épices, soieries et cotons en provenance d'Orient, alors que partent bois et cuivre d'Europe vers des contrées lointaines.

La république de Venise : 697-1797

Les institutions de Venise sont fixées vers 1300. Seuls les nobles, les riches familles d'armateurs, de marchands, ou les représentants les plus méritants du peuple participent à la vie politique. Le palais des Doges (p. 29) est l'épicentre de l'administration et du pouvoir. Le doge, élu ou tiré au sort, est assisté et surveillé par un **Grand Conseil.** Celui-ci contrôle la cité et désigne les sénateurs. Un **Conseil ducal,** adjoint au doge, se compose de 6 membres sans l'avis desquels le doge ne peut rien faire et qui le contraignent à respecter les décisions du Grand Conseil. Les lois, la multiplicité des charges et la complexité des modes d'attribution des mandats compriment autant les tentatives de tyrannie ou de manigances chez les élus et les doges que les désirs de rébellion du peuple. Si les intrigues sont nombreuses, la politique sociale menée est cohérente, favorisant l'hygiène et l'assistance aux pauvres. Les *scuole* (écoles), laïques, joueront un rôle culturel et caritatif important.

Un déclin inexorable

L'expansion de la cité lagunaire s'assombrit après une sévère guerre génoise (1378-1381), puis la grande peste du XIVe s. et la chute de l'Empire byzantin (1453). À la même époque, Christophe Colomb débarque en Amérique ; le Portugal, la France et l'Angleterre prennent alors leur essor... La Sérénissime, solide, sera de tous les conflits du XVe s. mais entamera un déclin progressif lors des siècles suivants.

De Bonaparte au tourisme

Au XVIIIe s., malgré le déclin de la république de Venise, les élégants palais continuent de s'élever, la cité-État éblouit toujours. En 1797, après la courte invasion française, où la ville se donne à Bonaparte, la république de Venise est dissoute et, par le traité de Campo-Formio, le territoire est cédé à l'Autriche. En 1866, la Vénétie retourne au nouveau royaume d'Italie. Aujourd'hui, le tourisme et l'industrie pétrochimique de Porto Marghera permettent à Venise de prospérer.

LE PATRON DE VENISE

À croire la longue et florissante histoire de la cité des Doges, saint Marc, dont le lion est l'animal-symbole dans la Bible, a été et reste un patron efficace. Il est rapporté que les reliques de l'évangéliste, premier évêque d'Alexandrie (où il fut martyrisé et enterré en 67), auraient été rapportées dans la Sérénissime en 828, dissimulées dans une carcasse de porc salé, par deux marchands vénitiens.

1 La place Saint-Marc ET LE PALAIS DES DOGES

● Restos & bistrots p. 120 ● Boutiques p. 180

Des monuments éternels, des boutiques de luxe à ne plus savoir où donner de la tête, des foules qui se mêlent aux vols des pigeons, le tout sous le crépitement des appareils photo : voici « le plus beau salon d'Europe », selon les mots de Napoléon. Au petit matin, au soleil couchant ou encore la nuit, la place Saint-Marc est plus fascinante que jamais.

❶ PLACE SAINT-MARC★★★

Piazza San Marco
Malgré la foule, impossible de se lasser de cette place. Elle n'est pas un simple *campo* : c'est la seule place de Venise à porter le nom de *piazza*. Les Vénitiens ont ainsi marqué l'importance de la place Saint-Marc dans la vie de la cité. La mythique place a toujours été *the place to be*. Dès le Moyen Âge, elle concentre l'essentiel de la vie politique et religieuse de la cité. La vie festive aussi : défilés des masques le dernier jour du Carnaval, réceptions

d'ambassadeurs, foires avec charlatans et saltimbanques... C'est surtout depuis qu'elle a reçu un beau tapis de dalles (1723) qu'elle a des allures de salle de bal ! Pour admirer en toute sérénité ce lieu magique, installez-vous sur la terrasse de l'un des cafés de la place : le Florian ou le Quadri (voir p. 31 et 120).

Les Procuraties

Autrefois, les Procuraties étaient le lieu de résidence des procurateurs, magistrats chargés de l'administration de la cité. Leur notoriété était telle que l'architecte Victor Louis s'en inspira pour concevoir les édifices qui entourent le jardin du Palais-Royal à Paris. Des boutiques de luxe se cachent sous les arcades. Courant 2020, les travaux de rénovation en cours devraient se conclure et permettre l'ouverture au public d'une partie des Procuraties, devenant lieu d'exposition de la fondation The Human Safety Net.

Les Procuraties

La tour de l'Horloge

Ornée des signes du zodiaque et du lion de saint Marc, la tour de l'Horloge (Torre dell'Orologio), de style Renaissance, est surmontée de 2 *Mori* (Maures), des figures de bronze noircies par le temps, qui sonnent les heures en frappant une grande cloche de leur maillet. Spectacle assuré durant la semaine de l'Ascension, pendant laquelle les Rois Mages et l'Ange viennent s'incliner devant la Vierge et l'Enfant.

❷ BASILIQUE SAINT-MARC★★★

Basilica San Marco

Celle que l'on appelle « Chiesa d'Oro » (l'église d'Or) resplendit sous ses coupoles byzantines de quelque 4 000 m² de mosaïques. Chapelle des Doges attenante au Palais ducal, elle date du XIᵉ s. et fut pendant longtemps le lieu d'intronisation des doges de la cité. Ce croisement de cultures occidentale et orientale contient des objets d'art innombrables. À la fin de la visite, n'oubliez pas de grimper à la galerie pour admirer la place entre les jambes des célèbres chevaux de San Marco (copies ; originaux visibles dans le musée).

La façade

Pour une mosaïque originale du XIIe s. (les autres sont des XVIIe et XVIIIe s.), direction le portail Sant'Alipio (1er à gauche) où l'on revit la translation des reliques de saint Marc dans la basilique. C'est à l'influence gothique que l'on doit sculptures, pinacles et autres clochetons alambiqués qui éloignent Saint-Marc de sa première inspiration byzantine. Quant aux célèbres chevaux de bronze au-dessus du portail, dérobés lors du sac de Constantinople, ils symbolisaient, face à l'ennemi, la puissance militaire de la République.

La *Pala d'Oro*

Derrière le maître-autel, la Pala d'Oro (1345) est un extraordinaire retable d'or, incrusté de 80 émaux et de 1 927 pierres précieuses, réalisé à Constantinople (1105) à la demande du doge. Il n'était exposé aux regards des fidèles que les jours de fête. Le reste du temps, on le masquait derrière un autre retable (tout aussi beau !), la *Pala Feriale,* conservé au Museo di San Marco.

Il Tesoro

À la suite du pillage de Constantinople en 1204, de nombreuses pièces d'orfèvrerie ont été rapportées à Venise. Le brûle-parfum, le calice d'or et l'icône de saint Michel sont les pièces de choix de ce trésor.

Piazza San Marco • ☎ 041 270 83 11
www.basilicasanmarco.it • Lun.-sam. 9h30-16h45, dim. 14h-16h45
Museo di San Marco : 5 €
(accès à la galerie supérieure et à la corniche extérieure).
Pala d'Oro **: 2 €.**
Tesoro **: 3 €.**
Basilique : accès libre.

Basilique Saint-Marc

❸ PALAIS DES DOGES***

Palazzo Ducale
Le palais des Doges est une merveille du gothique vénitien (1340-1424). Après plusieurs reconstructions et aménagements, il prit sa structure définitive au XVe s. Siège du gouvernement de Vénétie, il fut aussi la résidence familiale du doge. Somptueux, décoré d'une multitude de peintures des plus grands artistes de l'époque, il mérite 2h de visite. Pour une visite plus complète et captivante, optez pour le parcours « Itinéraires secrets » *(Itinerari segreti)*, à réserver à l'avance.

Les façades

Les façades gothiques de ce palais sont étonnantes. Elles ont été construites selon le principe de l'inversion des masses datant du Moyen Âge, et l'on se demande comment des colonnes aussi fines arrivent à soutenir le reste de la structure. À l'intérieur, la cour entourée de ces magnifiques façades sculptées charme les visiteurs, tout comme l'imposant escalier des Géants, qui mène aux loggias.

La salle du Grand Conseil

C'est dans cette salle, la plus vaste du palais, que se réunissaient les membres de l'Assemblée. Son plafond en bois sculpté et doré est agrémenté de peintures des célèbres Bassano, Véronèse ou Palma le Jeune. L'œuvre la plus impressionnante est *Le Paradis* – sur le mur du fond –, réalisée par le Tintoret avec l'aide de son fils entre 1588 et 1590. C'est la plus grande toile du monde.

Palais des Doges

Près de l'escalier d'Or...

... une boîte aux lettres : la *bocca della verità*, la « bouche de la vérité » ! Appelée aussi « gueule du lion », elle autorisait n'importe qui à dénoncer son prochain. Le dénonciateur, anonyme au début, dut au XIVe s. laisser tout de même son adresse pour pouvoir témoigner lors du procès. S'il s'avérait qu'il avait exagéré ou s'il s'était lourdement trompé, la peine de mort pouvait être prononcée contre lui. Cette boîte a plutôt bien fonctionné sous l'Inquisition...

Sinistres prisons

En quittant les ors du palais, une façade plus sombre se dévoile : les *prigioni*, si surpeuplées au XVIe s. qu'il fallut créer de nouvelles

cellules de l'autre côté du canal qui longe le palais. Pour les rejoindre, les condamnés empruntaient le pont des Soupirs (p. 78), nommé ainsi à cause des longs soupirs poussés par ceux qui venaient d'apprendre leur peine.
De tous ces cachots, les plus redoutés étaient les *piombi* (plombs), situés sous les toits, où la température en été pouvait dépasser les 50 °C… L'aventurier Casanova réussit à s'en échapper en 1756.
Piazza San Marco • ☎ 041 271 59 11 • www.visitmuve.it • Avr.-oct. : t.l.j. 8h30-19h ; nov.-mars : t.l.j. 8h30-17h30 ; f. de la billetterie 1h avant • Entrée : 20 € (billet couplé Musei di Piazza San Marco avec Museo Correr, Biblioteca Marciana, Museo Archeologico). Visite guidée *Itinerari segreti* : ☎ 041 427 308 92 • T.l.j. en été : 13h et 13h30 (en français) • Groupe de 25 places : 20,50 €/pers. (payer par carte lors de la résa).

❹ PIAZZETTA★★

Avec ses gondoles amarrées au quai et l'île de San Giorgio Maggiore au loin, la « petite place » offre l'un des paysages les plus photogéniques de Venise.
Les 2 colonnes, l'une surmontée du lion ailé, symbole de saint Marc, et l'autre du Grec saint Théodore, premier patron de la cité, ont été rapportées d'Orient.

❺ GIARDINETTI REALI★

À deux pas de la place Saint-Marc, voici un havre de paix insoupçonné : des jardins royaux, dont l'usage

La Piazzetta

Pause mythique : Caffè Florian

C'est dans l'un des salons cosy du célèbre Florian, ouvert depuis 1720, qu'il faut savourer un *spritz,* après Mme de Staël, Alfred de Musset, Marcel Proust et tant d'autres... On y revient toujours pour déguster ses pâtisseries et découvrir un autre de ses salons. Un bijou.

● 3 • Piazza San Marco, 56-59 • ☎ 041 520 56 41 • www.caffeflorian.com • T.l.j. : mars-oct. 9h-minuit ; nov.-fév. lun.-jeu. et dim. 10h-21h, ven.-sam. 10h-23h • Café : 6,50 €, *spritz* : 13,50 €, + 6 € s'il y a de la musique (en été).

était autrefois réservé aux gens du palais. Sur l'emplacement de ces jardins se dressaient, jusqu'au début du XIXe s., les greniers à grains de la Sérénissime. Passé le portail, c'est le parfum des fleurs qui enveloppe les visiteurs, car ils sont aujourd'hui ouverts à tous. On y vient pour se reposer face à la lagune ou pour un pique-nique (interdit sur la place Saint-Marc). Lors de notre passage, les jardins étaient encore en travaux de rénovation ; ils devraient rouvrir en novembre 2019 plus beaux que jamais, avec de nouvelles essences, et la remise en fonction du pont-levis qui les connectait au palais de la Zecca et à la place Saint-Marc.
T.l.j. 9h-19h.

❻ CAMPANILE★★

Cette tour de 98 m de haut offre l'un des plus beaux points de vue sur la ville. Phare pour les marins au XIIe s., elle fut une prison jusqu'à la fin du Moyen Âge. On y accrochait à mi-hauteur une cage de bois dans laquelle le condamné était enfermé, parfois à vie. Il s'effondra en 1902 sans faire d'autre victime que le chat du concierge, et on le reconstruisit à l'identique.
Piazza San Marco • ☎ 041 270 83 11 • T.l.j. : juil.-sept. 9h-21h ; Pâques-juin et oct. 9h-19h ; nov.-Pâques 9h30-15h45 (horaires très variables, il est conseillé de téléphoner) ; f. par mauvais temps • Entrée : 8 €.

❼ NEGOZIO OLIVETTI★

Pour Adriano Olivetti, propriétaire de la célèbre marque de machines à écrire, l'architecte vénitien Carlo Scarpa a conçu cette boutique comme un écrin minimaliste dont l'étage est desservi par un escalier asymétrique. Machines à écrire et calculatrices d'après-guerre se laissent admirer telles des œuvres d'art.
Piazza San Marco, 101 • ☎ 041 522 83 87 • negoziolivetti.it • Mar.-dim. : 10h-18h30 ; f. de la billetterie 30 min avant • Entrée : 8 €.

LE CARNAVAL de Venise

En février, la Sérénissime convie le monde et ses mystères au moment de son mythique Carnaval. Chaque année, ces 10 jours et 10 nuits font tourner la tête des visiteurs, car le spectacle reste supérieur à tous les clichés que vous aurez pu voir de la cité des Doges.

Masque de Carnaval

Le Carnaval

Autrefois, le Carnaval était la dernière fête autorisée par l'Église avant la période maigre du carême. Littéralement, il signifie « l'adieu à la chair » (*carne levare :* enlever la viande). Le Carnaval de Venise se déroule pendant les 10 jours qui précèdent le mercredi des Cendres (courant février).

Un peu d'histoire...

Le Carnaval de Venise est né vers le Xe s. Il connaît son apogée au XVIIIe s., époque pendant laquelle les festivités durent près de la moitié de l'année, d'octobre au carême. Des mois pendant lesquels le port du masque rend les genres ambigus, gomme les différences sociales et permet toutes les folies... Il devient **interdit d'interdire :** les casanovas lancent des coquilles d'œufs remplies de parfum sous les fenêtres des belles ; d'autres organisent des bals dans les couvents... Le Carnaval s'interrompt en 1797, à la fin de la République, et renaît en 1979 grâce à une association de Vénitiens. Les festivités, au début des années 1980, seront débridées et inventives. Le succès est si considérable que les touristes affluent. Avec eux, le Carnaval se fait moins spontané, mais reste magique...

Les différents costumes

Les **costumes du *tarocco*** évoquent les cartes du tarot utilisées pour prédire l'avenir. Ce sont les déguisements favoris des Vénitiens ou des touristes élégants. Ils sont concurrencés par la *maschera nobile*, habit de carnaval des aristocrates au XVIIIe s. Ce costume est formé de la traditionnelle *bauta* (masque blanc), du *tabarro* (une cape courte) et du fameux tricorne noir.

Les personnages de la commedia dell'arte

Au fil des carnavals les costumes se firent plus sophistiqués en puisant leur inspiration dans la **commedia dell'arte.** Représentant l'incarnation d'un vice ou du ridicule humain, les personnages se reconnaissent à leur silhouette et à leur masque (les personnages féminins en sont dépourvus) :

Arlequin : valet de Pantalone, il fut d'abord un personnage cynique et grossier avant de devenir un acrobate comique, puis un serviteur sensible et naïf chez Marivaux ; il est vêtu d'un habit à losanges (rouges, orange et verts) et porte un masque noir.

Brighella : valet de Pantalone et image du fourbe, il use et abuse de stratagèmes pour parvenir à ses fins ; il porte un costume blanc rayé de diagonales vertes et un masque vert au nez cassé qui lui donne une allure vaguement effrayante.

Le Docteur : *il Dottore*, juriste de son état, est le type même de l'érudit bavard et prétentieux ; il porte des bas jusqu'aux genoux, une culotte et une cape noires sur une chemise et une collerette blanches ; son masque présente un front proéminent et un gros nez.

Pantalone : vieillard aussi maladivement amoureux que radin, il est la cible préférée des valets ; il porte un pantalon noir et un masque à moustache doté d'un long nez crochu.

Pulcinella : personnage comique et attachant vêtu de blanc qui porte un masque noir au nez crochu.

Scaramouche : subtil et hâbleur ; de noir vêtu, il se cache sous un masque noir au nez aplati.

LES MEILLEURS SPOTS DU CARNAVAL

La **place Saint-Marc** reste LE cœur du Carnaval, où l'on peut admirer les plus beaux costumes, face à la lagune. Promenez-vous le long de la **Riva degli Schiavoni ;** belles photos garanties !

Le soir du Jeudi gras et les week-ends, c'est à la **Pescheria,** transformée en dancefloor, que se ruent les jeunes dans des costumes modernes et délirants.

Sur le **Campo San Polo,** à **Santa Margherita,** le long des **Fondamente della Misericordia,** l'ambiance est authentique et animée dans les *bacari* et les nombreux bars qui les bordent.

2 Du Museo Correr À LA FENICE

● Restos & bistrots p. 121 ● Bars, clubs & sorties p. 156 ● Boutiques p. 180

Dans ce quartier piqueté d'églises et strié de canaux et de *campi* tranquilles, Venise aligne ses magasins les plus chics, quelques-uns de ses meilleurs antiquaires et également de très belles galeries d'art.

❶ MUSEO CORRER★★★

Cet immense et beau musée retrace les grandes heures de l'histoire de Venise et possède une belle collection de peintures - pas seulement vénitiennes.

Il porte le nom de son fondateur, Teodoro Correr, un collectionneur touche-à-tout qui se passionnait autant pour la vie des doges et la sculpture (admirez, dès l'entrée, les sculptures de Canova) que pour la peinture et les objets domestiques. Résultat : le « Correr » est un musée où l'on ne s'ennuie pas pour un sou ! En plus, il y a des fiches explicatives en français dans la plupart des salles. On accède au Museo Archeologico et aux salles de la Biblioteca Nazionale Marciana depuis le musée.

Les Salles impériales

Elles ont été décorées spécialement pour accueillir les Habsbourg à l'époque où Venise faisait partie de l'Empire d'Autriche (XIXe s.). D'où leur style un peu pompeux : tapisseries rouge et or, lustres de Murano... Seule Élisabeth, alias Sissi, en profita vraiment : elle y résida 7 mois (1861-1862), et son boudoir est attendrissant (salle 6).

La *Wunderkammer*

Teodoro Correr (1750-1830) avait constitué, dans son palais privé de San Zan Degolà, un cabinet de curiosités *(Wunderkammer)*. Le voici, condensé dans 9 salles ! Profitez-en pour examiner de près la fameuse vue aérienne de Venise en 6 planches (1500). Elle est grande (4 m^2) et d'une incroyable précision : Jacopo de' Barbari a mis 3 ans pour en dessiner tous les détails !

La Biblioteca Marciana

Au 1er étage, après le Musée archéologique, poussez la porte de la Marciana. Cette bibliothèque – l'une des plus importantes d'Italie – a conservé 2 pièces

superbement décorées au XVIe s. : le vestibule et le Grand Salon. Vous y verrez un Titien dans la première et plusieurs Véronèse dans la seconde.

La Quadreria

Il vous reste encore un peu d'énergie ? Montez au 2e étage pour admirer les tableaux d'Antonello da Messina (sa *Pietà* est sublime), Giovanni Bellini et Vittore Carpaccio dont les *Deux Vénitiennes* (salle 38), qui ne sont pas des courtisanes, comme on le croyait encore récemment, mais deux sœurs attendant le retour de leurs maris. Les tourterelles symbolisent l'harmonie conjugale, et la femelle du paon, la fidélité...

Piazza San Marco, entrée par l'Ala Napoleonica • ☎ 041 240 52 11 • www.visitmuve.it • T.l.j. : été 10h-19h ; hiver 10h-17h (horaires variables, se renseigner) ; f. de la billetterie 1h avant ; f. 1er janv. et 25 déc. • Entrée : 20 € (billet couplé palais des Doges, Biblioteca Marciana, Museo Archeologico).

❷ SAN MOISÈ*

Les Vénitiens étaient sans doute en mal de saints à vénérer. Alors, ils ont canonisé Moïse et lui ont dédié cette église (XVIIe s.) d'un baroque échevelé. Elle côtoie désormais la façade consternante de l'hôtel Bauer-Grünwald.

Campo San Moisè • ☎ 041 528 58 40 • T.l.j. 9h30-

Pause *cicchetti* : Da Carla

C'est un rendez-vous élégant où grignoter des *cicchetti* (p. 151) frais et croustillants (de 2,50 à 5 € pièce), que l'on peut accompagner d'une *ombra*. Cette *osteria con cucina* propose aussi une carte plus élaborée mais tout aussi créative (polenta, ragoût, cuisine à partir des produits du marché).

● 8 • Corte Contarina, 1535 • ☎ 041 523 78 55 • www.osteriadacarla.it • Lun.-sam. 12h-16h et 18h30-22h30.

12h30 et 15h30-19h30 (en été horaires continus) • Accès libre.

❸ CALLE LARGA XXII MARZO*

L'artère smart de Venise par excellence, domaine des grands noms du vêtement, de la maroquinerie ou du souvenir haut de gamme, se prolonge sur la Salizzada San Moisè et la petite Calle Vallaresso. Le long de ces Champs-Élysées locaux, même les banques ont des airs de monuments...

❹ GALLERIA CONTINI**

Sur 3 étages, cette belle galerie d'art moderne offre une sélection d'œuvres de grands artistes internationaux comme Fernando Botero ou Robert Indiana, célèbre pour ses mots empilés (LOVE, HOPE...). Les expositions changent souvent et l'on trouve aussi bien des sculptures ou des tableaux que des photographies.

Calle Larga XXII Marzo, 2288 • ☎ 041 523 03 57 • www.continiarte.com • T.l.j. 10h30-13h et 14h-19h30.

❺ PALAZZO DARIO**

Ce ravissant palais (1487), qui dresse une façade aux allures de coffret à bijoux sur l'autre rive du Grand Canal, ressemble plus à une œuvre de sculpteur ou de peintre qu'à un travail d'architecte. Il fut la résidence

Campo Santa Maria del Giglio

de Giovanni Dario, qui assuma la périlleuse fonction d'ambassadeur de Venise auprès des Ottomans à la fin du XVe s.

F. au public.

❻ SANTA MARIA DEL GIGLIO ET SON *CAMPO**

Le *campo* que domine la Chiesa del Giglio (église du Lys) est l'un des QG des gondoliers. Le soir venu, l'endroit résonne

Teatro La Fenice

au son des sérénades des hommes en canotier. Un lieu pour rêver à la Venise éternelle.
Campo Santa Maria del Giglio • ☎ 041 275 04 62 • Lun.-sam. 10h30-16h30 • Entrée : 3 €.

❼ TEATRO LA FENICE★★★

Tancrède de Rossini, *Rigoletto* ou *La Traviata* de Verdi, les plus grands compositeurs, chanteurs et chefs d'orchestre sont passés ici. Après deux incendies, deux destructions quasi complètes, La Fenice est redevenue la même, ou presque, et l'amour des Vénitiens pour leur théâtre est intact.

Un emblème *ad hoc*

Ornant les niches, Melpomène et Terpsichore, muses de la Tragédie et de la Danse, pourraient en raconter... Conçu par l'architecte Selva en 1792, le théâtre brûle une première fois en 1836. Refait par les frères Meduna, il est dévasté de nouveau en 1996 par un incendie. Venise décide alors qu'il renaîtra *com'era e dov'era* : « comme il était et où il était ». Le théâtre est reconstruit à l'identique par les artisans vénitiens sous les ordres d'Aldo Rossi et inauguré en 2003. Certaines salles ont conservé des traces de feu sur des marbres et frises - une décision de l'architecte et des restaurateurs. L'emblème de cet opéra ressemble à un aigle, mais c'est un *fenice* - un phénix -, et rien ne peut mieux résumer aujourd'hui cette histoire.

La grande salle

En apparence, la fausse coupole créée après le second incendie de l'édifice n'est que bois, plâtre et papier mâché enrichis d'ornementations végétales, de chérubins ou encore d'allégories pour décorer les galeries des loges. Le tout donne l'impression qu'une nuée de nymphes soutient un plafond doré à la feuille d'or, et celui-ci est peint en bleu et rouge d'un tel trompe-l'œil qu'on le croirait formé comme un dôme... Mais ne vous y fiez pas : la coque de la salle est en béton armé, le rideau de scène, malgré ses 1000 fleurs en cuir doré, est protégé hors des représentations par un mur coupe-feu... Les normes de sécurité sont drastiques : le cauchemar ne reviendra pas.

Campo San Fantin, 1965 • ☎ 041 24 24 (billetterie) • ☎ 041 78 66 72 (visite guidée) • www.teatrolafenice.it • www.festfenice.com • T.l.j. 9h30-18h (horaires réduits les jours de représentation) • Entrée : 11 € audioguide compris (en français) • Visite guidée en français : 13 € (pour groupe déjà formé de 12 pers. minimum ; résa sur place ou par tél. ; durée : 45 min env.) • Voir Sorties p. 157.

❽ SAN FANTIN*

Face à La Fenice, ce magnifique édifice Renaissance en pierres blanches est l'œuvre conjointe de deux des meilleurs architectes de Venise, Scarpagnino et Sansovino. Ce dernier éleva le dôme sur 4 impressionnantes colonnes corinthiennes.

Campo San Fantin • ☎ 041 528 58 40 • T.l.j. 9h30-19h • Accès libre.

LES ARTS de la Sérénissime

Venise n'a cessé de fasciner rois, ambassadeurs, écrivains et voyageurs. Elle le doit à ses architectes, à ses peintres - Véronèse, Titien, le Tintoret, Canaletto, Tiepolo ou Guardi - et à ses musiciens tels Monteverdi ou Vivaldi ! Mosaïques d'ors, tableaux à foison, plafonds peints, cette ville est éblouissante !

Chiesa del Redentore à la Giudecca

L'élégance de Byzance

C'est d'abord vers l'**art byzantin** que se tourne cette sœur de Constantinople, mais en gardant sa griffe et en exprimant un besoin d'élégance bien à elle : par exemple, en ajoutant à la **basilique Saint-Marc** (XIe s.) une abside d'influence romane. Il en sera de même au siècle suivant, à la **Basilique Santi Maria e Donato,** à Murano. La Venise enrichie par le commerce avec l'Orient adopte tardivement le style gothique, au XIVe s. Les maîtres d'œuvre du **palais des Doges** font soutenir la lourde masse du 1er étage par une dentelle de pierre, et n'hésitent pas à inverser les lois traditionnelles de l'architecture. Partout ailleurs, dans les palais et les églises, les bâtisseurs privilégient l'élancement et la décoration fleurie.

Les ors de la Renaissance

La Renaissance triomphe sur la lagune au XVIe s. Les architectes Sansovino (1486-1570), auteur de la loggia du **Campanile de Saint-Marc,** et surtout Andrea Palladio (1508-1580), qui dessine les formes géométriques dépouillées de la **Chiesa del Redentore** à la Giudecca et de **San Giorgio Maggiore,** en sont les deux meilleurs représentants.

La **peinture vénitienne** donne à ce moment ses meilleurs talents. Giovanni Bellini (v. 1430-1516), inventeur de cette lumière dorée qui semble une lointaine réminiscence des mosaïques de la basilique Saint-Marc, forme le subtil Giorgione (v. 1477-1510) et Titien, le « monarque de la peinture » (v. 1488-1576). Vittore Carpaccio (1455-1526) immortalise les fêtes de la Sérénissime, tandis que le Tintoret (1518-1594) ou Véronèse (1528-1588) iront encore plus loin dans cette veine théâtrale.

Une ville éternelle et romantique

Au XVIIe s., Venise est victime d'épidémies de peste et de crises économiques. La production artistique en pâtit, mais elle se poursuit néanmoins jusqu'à la fin du XVIIIe s., alignant des noms aussi célèbres que celui de l'architecte Baldassare Longhena (1598-1682), à l'origine de la construction de **Santa Maria della Salute,** et que celui du dramaturge Carlo Goldoni (1707-1793), auteur d'une centaine de comédies. La peinture brille de ses derniers feux. Aux paysagistes comme Antonio Canaletto (1697-1768) ou Francesco Guardi (1712-1792), qui peignent la Sérénissime sous toutes ses formes, s'ajoutent la peinture de genre de Pietro Longhi (1702-1785) et le merveilleux talent de Giambattista Tiepolo (1696-1770), avec lequel l'école vénitienne s'éteint dans un feu d'artifice de couleurs et de trompe-l'œil.

L'art contemporain

Avec la **Biennale d'art contemporain,** qui convoque tous les 2 ans les plus grands artistes du monde, la ville continue à se nourrir de l'art. Certes, le modèle a changé, mais la scène artistique internationale continue de passer par Venise. Il suffit de s'y rendre pendant la semaine d'inauguration de la Biennale pour sentir cette effervescence, ou encore de se promener dans son quartier le plus *arty,* la pointe du Dorsoduro (quartier 6), qui fourmille de galeries, pour s'en convaincre.

VENISE, BERCEAU DE L'OPÉRA

En 1637, une troupe nomade donne un opéra dans un théâtre public de Venise. Le succès de ce coup d'essai entraîne la multiplication des théâtres et l'essor d'un art où Venise peut exprimer son goût des décors et des machineries, en bref son **besoin de paraître.** Chaque époque verra naître de purs chefs-d'œuvre qui influenceront l'ensemble de la production européenne : les opéras de Claudio Monteverdi (1567-1643), de Francesco Cavalli (1602-1676), d'Antonio Vivaldi (1678-1741) et de Gioacchino Rossini (1792-1868), le maître du *bel canto.*
Pour goûter à ce magnifique répertoire, ne manquez pas de vous rendre au **Teatro La Fenice** (p. 157). C'est le moment ou jamais !

3 Du Campo Santo Stefano AU CAMPO SAN LUCA

● Restos & bistrots p. 122 ● Bars, clubs & sorties p. 158 ● Boutiques p. 182

Des places larges et calmes au soleil, encerclées de ruelles et de petits ponts… Qu'il fait bon se perdre ici ! Hors saison, les langues de brume recouvrent les canaux et ajoutent à l'enchantement mystère et douce mélancolie. Les magasins d'antiquités ont des allures de musées, et les artisans côtoient boulangeries, cafés de quartier et magasins propices aux coups de cœur. Pour vous sentir loin du monde, montez en haut du Palazzo Contarini del Bovolo !

❶ CAMPO SAN MAURIZIO*

Il laisse un bon souvenir, ce petit *campo* tranquille où s'élèvent la **Chiesa San Maurizio** (reconstruite au XIXe s.) et la façade lombarde de la **Scuola degli Albanesi** (au n° 2762 ; XVIe s.). Le **Palazzo Bellavite** vaut aussi le coup d'œil, bien qu'il ait perdu les fresques de Véronèse qui le décoraient.

❷ MUSEO DELLA MUSICA*

Curieuse sensation d'entrer dans une église où trônent sur l'autel violons et violoncelles ! À l'intérieur de la Chiesa San Maurizio, l'exposition permanente « Vivaldi et son Temps » raconte l'âge d'or de la lutherie, où l'Italie excellait, à travers la collection d'Artemio Versari. Stradivarius, Amati, Guadagnini et Goffriller : les instruments exposés remontent, pour certains, au XVIe s. Dans l'écrin de la sacristie est également reconstitué un atelier de luthier. Pendant la visite, la musique de Vivaldi ou d'autres compositeurs classiques est diffusée dans l'église, une bonne façon de s'y initier.

La brocante de Venise

Une fois par mois, d'avril à décembre, se tient un marché d'antiquaires sur le Campo San Maurizio. On y trouve des trésors séculaires comme des pépites plus récentes : sacs de créateurs, miroirs à la vénitienne, bijoux en perles vintage de Murano, objets de collection...

Pour connaître les dates : www.mercatinocamposanmaurizio.it • 9h-19h.

Campo Santo Stefano

Chiesa San Maurizio • www.artemusicavenezia.it/fr/musei/museo-della-musica • T.l.j. 9h30-19h • Entrée libre • Possibilité de réserver, à la boutique du musée, son billet pour assister à un concert classique dans l'église de San Vidal sur le Campo Santo Stefano tout proche (21h avr.-oct, 20h30 nov.-mars, 30 €, infos www.artemusicavenezia.it/fr/musei/interpreti-veneziani).

❸ CHIESA DI SANTO STEFANO ET SON *CAMPO*★★

Flanquée d'un campanile étonnamment penché, l'église, située au fond de la place, s'ouvre par un remarquable portail de style gothique flamboyant. À l'intérieur, une série d'œuvres signées Vivarini, Palma le Vieux et le Tintoret sont visibles entre la nef et la sacristie. Dehors, sur le *campo*, l'espace dégagé permettait autrefois d'organiser des courses de taureaux, qui ont perduré jusqu'au XIXe s. Trois des plus grandes familles vénitiennes ont choisi cette place pour ériger de somptueux palais : les Loredan, au XVe s., puis les Morosini, au XVIIe s., et les Pisani, au XVIIIe s. Entre les belles façades de leurs palais, la place est vivante, avec terrasses, kiosque à journaux et enfants qui jouent. Chaque année, au moment du Carnaval,

Pause tradi : Al Bacareto

À la fois bar et trattoria, Al Bacareto est toujours plein ! D'abord parce qu'il est proche du Palazzo Grassi, ensuite parce que ses vins vénètes, ses amuse-bouches traditionnels *(cicchetti)* au comptoir et ses plats vénitiens attirent les habitués comme les touristes. Prenez une seiche au noir et sa polenta, des *fegato alla veniziana* (foies à la vénitienne), de la morue ou simplement un verre.

● 16 • Campo San Samuele, 3447 • ☎ 041 528 93 36 • www.bacareto.it • F. août • Restaurant : lun.-sam. 12h-15h et 19h-22h30 • Plats : de 12 à 16 € • Bar : lun.-sam. 8h-16h et 18h30-23h • Verres de vin : de 3 à 5 €.

Santo Stefano

un marché aux masques et aux costumes s'y installe.
Campo Santo Stefano
• ☎ 041 275 04 62
• Lun.-sam. 10h30-16h30
• Église : entrée libre • Sacristie : 3 €.

❹ ISTITUTO VENETO DI SCIENZE, LETTERE ED ARTI**

Installé au sein des **Palazzi Loredan et Cavalli-Franchetti,** distants d'une centaine de mètres, l'**Institut vénitien des sciences, des lettres et des arts** organise chaque année des expositions à thème. Focus sur un artiste contemporain, sur le verre de Murano ou sur la Biennale d'architecture : ce sont tant les expositions que la beauté des lieux qui attirent. L'escalier néogothique du Palazzo Cavalli-Franchetti et sa vue sur l'Accademia en particulier captivent le regard...
Campo Santo Stefano, 2842
• ☎ 041 240 77 11
• www.istitutoveneto.it
• Ouv. lors des expositions uniquement • Expositions : tarifs variables selon les expos.

❺ PALAZZO GRASSI***

La vocation de ce palais, construit tardivement sur le Grand Canal par Giorgio Massari, semble depuis toujours liée à l'art. Autour de l'escalier monumental en marbre apparaissent en trompe-l'œil les figures de la société du XVIIIe s. peintes par Michelangelo Morlaiter. Pour sauver l'édifice qui s'enfonçait dans la lagune, une première rénovation est entreprise par Gae Aulenti et Antonio Foscari. Puis Gianni Agnelli, propriétaire et dirigeant de la Fiat, transforme le *palazzo* en centre d'exposition international. En 2005, c'est l'homme d'affaires et collectionneur François Pinault qui en prend les rennes et entame une nouvelle campagne de restauration, menée par l'architecte japonais Tadao Ando. Désormais, l'impressionnante collection d'art contemporain de l'industriel français se partage entre le Palazzo Grassi et la Punta della Dogana.

Expositions temporaires

La Fondation Pinault, présente et active dans plusieurs villes d'Europe, oriente ses choix vers l'art contemporain, adaptant ses accrochages temporaires. De très belles expositions ont été présentées au Palazzo Grassi, notamment celles sur Martial Raysse, Sigmar Polke, Damien Hirst ou récemment le peintre Albert Oehlen.

Campo San Samuele, 3231 • ☎ 041 200 10 57 • www.palazzograssi.it • Expos : mer.-lun. 10h-19h ; f. de la billetterie 1h avant • Entrée : 18 € (billet couplé avec la Punta della Dogana).

❻ MUSEO FORTUNY**

Ce musée dans les murs du splendide palais gothique **Pesaro degli Orfei** (XVe s.) présente une collection éclectique de peintures, tissus et objets liés à la vie de Mariano Fortuny y Madrazo, artiste espagnol qui a introduit à Venise un goût nouveau pour l'art du plissé. Inventeur touche-à-tout, son palais est à l'image de sa vie : un cabinet de curiosités où se mêlent maquettes théâtrales, robes Delphos et œuvres personnelles. Donnée à la ville de Venise, sa demeure est un musée où sont périodiquement organisées des expositions donnant à voir le travail d'artistes contemporains.

Palazzo Grassi

Palazzo Pesaro degli Orfei, 3958 • ☎ 041 520 09 95 • www.visitmuve.it • Mer.-lun. 10h-18h lors des expositions ; f. de la billetterie 1h avant ; f. 1er janv., 1er mai et 25 déc. • Entrée : 10-12 €.

❼ CAMPO SANT'ANGELO*

C'est une place aristocratique, bordée de palais, où il fait bon se reposer avant d'attaquer un périple shopping dans les *calle* voisines. La Chiesa San Michele (l'archange), qui donna son nom au *campo*, a disparu. Il subsiste un petit oratoire orné d'un clocher. Le canal voisin et son pont ont beaucoup de charme.

❽ CAMPO MANIN*

Eh oui, le centre de Venise a aussi ses monuments du XXe s., comme cette Caisse d'épargne *(Cassa di Risparmio)* élevée en 1968 sur le *campo*. Ce vaste quadrilatère porte le nom du révolutionnaire vénitien qui chassa les Autrichiens et proclama en 1848 l'éphémère république de Venise.

❾ PALAZZO CONTARINI DEL BOVOLO**

Renaissance, gothique, byzantin ? Bien malin qui pourrait le dire. Toujours est-il que cet étrange palais du XVe s., situé à l'écart des circuits touristiques, porte bien son nom de Palazzo del

Museo Fortuny

Bovolo (« escalier en colimaçon », en dialecte vénitien). Sa petite cour tranquille, son escalier ajouré évoquant de la dentelle de pierre blanche et ses 5 loggias sont irrésistibles et diablement photogéniques.

Corte Contarini del Bovolo • ☎ 041 309 66 05 • www.gioiellinascostidivenezia.it • T.l.j. 10h-18h ; f. de la billetterie 30 min avant ; f. 1er janv., 15 août, 1er nov. et 25-26 déc. • Entrée : 7 €.

❿ CAMPO SAN LUCA*

Sur ce *campo* sympathique et vivant, un socle en marbre marque le « nombril » de la ville. Profitez d'une pause glace rafraîchissante avant de replonger dans l'étroite Calle dei Fabbri, très commerçante, ou d'enjamber le pont du Rialto (p. 68).

4 Les Mercerie

● Restos & bistrots p. 125 ● Bars, clubs & sorties p. 158 ● Boutiques p. 185

De la place Saint-Marc au Grand Canal, imaginez une galerie marchande à ciel ouvert, ajoutez des goulets d'étranglement, une succession de ponts et de vitrines qui ralentissent la progression d'une foule compacte... Voici les Mercerie (en vénitien, *Marzaria*), ancien domaine des merciers et des marchands de tissus, aujourd'hui encore le quartier le plus animé de la ville.

❶ MERCERIA DELL'OROLOGIO★

Cette rue débute sous la tour de l'Horloge (Torre dell'Orologio, p. 27) de la place Saint-Marc. Les commerces de cette *calle* étroite alternent bijouteries hors de prix, grands chausseurs, mais aussi quelques marchands de pacotilles alternant avec des *trattorie* pour touristes pas trop regardants.

❷ CHIESA DI SAN ZULIAN★

Difficile d'apprécier la beauté blanche de la façade de cette

église réalisée par Sansovino tant elle est encastrée dans le lacis des ruelles des Mercerie, une des zones les plus anciennes de la ville, comme en témoigne la date de la première fondation de l'édifice, au IXe s. L'intérieur est un mélange bigarré, où fleurissent de petits autels aux colonnes revêtues de velours. À noter, les *Saints Marc, Jean et Jérôme au chevet du Christ* représentés par Véronèse (1581) et le plafond où s'épanouit, dans un riche cadre en bois, le *Triomphe de saint Julien* (San Zulian en vénitien) de Palma le Jeune.
Calle Specchieri San Marco, 615 • ☎ 041 523 53 83 • T.l.j. 8h-19h30 • Entrée libre.

❸ MERCERIA SAN ZULIAN**

L'animation, le coude-à-coude et la bousculade des Mercerie ont eu raison de votre patience ? Empruntez la Merceria San Zulian pour vous rendre jusqu'au Campo San Zulian qui, en comparaison, a le calme d'une place de village. Dans le lacis de ruelles derrière l'église, en allant vers Santa Maria Formosa (p. 92), les commerces d'alimentation fourmillent. Porteurs criant « *Attenzione !* » aux passants se mélangent joyeusement aux touristes.

❹ CASINO VENIER**

« Voir sans être vu », ce pourrait être la devise de ce joli *ridotto*, version miniature et « réduite » d'un palais vénitien. Ici, entre les murs et les plafonds décorés de stucs où le baroque se mêle au classique, la société vénitienne venait jouer ou converser. À la mode, dès le XVIIIe s., les casinos étaient nombreux à Venise. Admirez les fresques, les sols en marbre, ou les miroirs d'époque, mais soyez discrets : les lieux sont aujourd'hui le siège de l'Alliance française, qui y propose des cours de français ou des expositions.
Ponte dei Bareteri, 4939 • ☎ 041 522 70 79 • www.afvenezia.it • Lun.-ven. 9h-18h • Entrée libre, petit don à partir de 3 pers. (mais toujours bienvenu).

Casino Venier

Pause gourmande : Rosa Salva

C'est le café où se retrouvent les Vénitiens du quartier pour déjeuner sur le pouce d'un *tramezzino* ou d'un petit sandwich (avec des produits de saison). À compléter par un dessert, car ils sont tous délicieux et confectionnés à quelques *calle* de là : biscuits de Burano, *crostata* ou *fritelle* pendant le Carnaval. Le plus difficile sera de faire un choix.

● 22 • Calle Fiubera, 950 • ☎ 041 521 05 44 • www.rosasalva.it • Lun.-sam. 8h-20h • *Tramezzino :* à 1,80 €, pâtisseries : de 1 à 5 €.

❺ SAN SALVADOR★★

Derrière sa façade baroque (1663), quelques merveilles : une *Annonciation* et une *Transfiguration* de Titien ainsi qu'un *Repas à Emmaüs* (une copie d'époque) attribué à Bellini ou à son école. L'église, très remaniée au XVIᵉ s., possède un remarquable sol en marbre polychrome et quelques monuments funéraires de doges et procurateurs dignes d'intérêt. En sortant par la porte latérale de l'église, vous pénétrez dans la Merceria San Salvador et sa succession de boutiques de prêt-à-porter et de maroquinerie.

Campo San Salvador • ☎ 041 523 67 17 • www.chiesasansalvador.it • T.l.j. 9h-19h • Accès libre.

San Salvador

Fondaco dei Tedeschi

❻ FONDACO DEI TEDESCHI★★★

Pour accéder à l'un des meilleurs panoramas sur Venise, il faut pousser les portes de cet ancien entrepôt de marchands allemands devenu temple du luxe. Rénové par l'architecte Rem Koolhas, l'énorme bâtiment du XVe s. a rouvert ses portes en 2016 après 8 ans de travaux. Si les fresques de Titien et de Giorgione ont définitivement disparu de la façade, le lieu resplendit à nouveau. Montez au dernier étage, traversez la soupente où se tiennent des expositions temporaires et gagnez la terrasse. Face à vous, Venise étale ses toits rythmés de clochers ; en bas, le Rialto et le Grand Canal se révèlent sous un nouveau jour. Le meilleur moyen de prendre les mesures de cette ville hors norme.

Calle Fontego dei Tedeschi • ☎ 041 314 20 00 • T.l.j. 10h-20h30. **Accès terrasse et soupente :** visites toutes les 15 min 10h15-20h15 juin-août, 10h15-19h30 avr.-mai et sept.-oct., 10h15-19h15 nov.-mars • Résa obligatoire • www.dfs.com **Centre commercial :** T.l.j. 10h-20h.

5 Autour des Gallerie DELL' ACCADEMIA

● Restos & bistrots p. 127 ● Bars, clubs & sorties p. 161 ● Boutiques p. 186

Le silence règne le long des *rio* tranquilles du Dorsoduro, tandis que l'air du large plane déjà sur les quais du canal de la Giudecca où passent souvent de gros paquebots. Vers San Trovaso, à l'ombre d'une église palladienne, on fabrique encore des gondoles, patiemment et méticuleusement, en se moquant du temps qui passe, à l'image de ce quartier poétique.

❶ PONTE DELL' ACCADEMIA★★★

Une succession de palais déclinent leurs façades dans le dernier virage du Grand Canal, qui s'achève par la silhouette baroque de l'église de la Salute. C'est la vue sublime qu'offre le pont de l'Accademia, une structure de bois et d'acier tout récemment rénovée. Construit à l'origine par les Autrichiens en 1854, le pont est détruit sous Mussolini, puis reconstruit à l'identique en 1985.

Ponte dell'Accademia

❷ GALLERIE DELL' ACCADEMIA★★★

Le plus grand musée de Venise compte parmi les plus riches du monde. Il possède une extraordinaire collection de peintures vénitiennes. L'Accademia fait l'objet d'une ambitieuse restauration, encore en cours, qui a déjà permis de valoriser les œuvres et de déployer les collections des réserves, offrant un panorama éblouissant de la peinture vénitienne du XIVe au XIXe s. Cependant, malgré la rotation des œuvres majeures organisée pendant les travaux, certaines ne sont plus visibles.

Un écrin à la hauteur

Après de longues années de travaux d'aménagement, la surface d'exposition est doublée, les salles restaurées... Le rez-de-chaussée, qui accueille des conférences, est consacré aux XVIIIe et XIXe s., ainsi qu'aux expositions temporaires. Dans l'entrée, une librairie permet de repartir avec un beau livre d'art. Au 1er étage (en partie en travaux), on retrouve les autres collections permanentes de l'Accademia, et parfois des expositions temporaires.

Bellini, le Tintoret, Véronèse...

Mantegna et Giorgione s'affichent ensemble. Giovanni Bellini (1430-1516) est présent avec 15 peintures sur bois dont la *Vierge à l'Enfant* et les *Miracles des reliques de la Sainte Croix*. Si les églises vénitiennes foisonnent de chefs-d'œuvre des enfants du pays, les Gallerie

Gallerie dell'Accademia

dell'Accademia en ont d'autres encore : *La Bataille de Lépante* (1571) et *Le Repas chez Lévi* (1573) de Véronèse, les toiles du Tintoret (1519-1594) et de Giambattista Tiepolo (1696-1770).

Pause glacée : Lo Squero

Dès les beaux jours, la file d'attente est impressionnante pour ce glacier. Noix, vanille, noisette ou pistache seront un bon choix si vous résistez au succès de la maison, le sorbet à l'abricot. Aussi des chocolats, hors saison.

● 27 • Fondamenta Nani, 990 ☎ 333 910 15 00 • T.l.j. 10h-22h (11h-19h dim.) • Glace : 3,80 € les 3 boules.

Le cycle de sainte Ursule

Peint par Carpaccio (1460-1525), inspiré de *La Légende dorée* (recueil de vies de saints du XIIIe s.), il est l'un des clous de la visite. Le peintre y conte, en 9 toiles de grand format, l'histoire de cette sainte. Saisissant !

Campo della Carità • ☎ 041 520 03 45 • www.gallerieaccademia.it • Lun. 8h15-14h, mar.-dim. 8h15-19h15 ; f. billetterie 1 h avant • Entrée : 12 € ; gratuit le 1er dim. du mois • Certaines salles sont fermées pour travaux (renseignements sur le site Internet).

❸ SQUERO SAN TROVASO★★

Vous voyez le chalet d'alpage sur le bord du *rio* ? C'est le plus ancien *squero* (chantier de gondoles) encore en activité.

Les gondoles y sont assemblées à la main, à partir de 250 pièces de bois, et recouvertes de 7 couches de laque noire. Leur aspect actuel remonte au XVIIIe s. lorsque la République imposa une couleur (le noir), une forme et une taille unique : 11 m de long sur 1,40 m de large. Aujourd'hui, on en compte encore 433.

F. au public mais visible depuis le quai (Fondamenta Nani).

❹ CHIESA SAN TROVASO*

L'église est dédiée à saint Gervais et à saint Protais… et vous apprendrez que *Trovaso* est une contraction de *Gervasio* et *Protasio*. Après avoir été détruit par un incendie, ce lieu de culte est reconstruit en 1590 dans un style classique. Entrez découvrir son petit trésor : le retable à fond d'or de Michele Giambono représentant saint Chrysogone à cheval (chapelle à gauche du chœur).

Campo San Trovaso • ☎ 041 522 21 33 • T.l.j. 8h-11h et 14h30-17h30.

❺ CHIESA DEI GESUATI*

La façade de l'ancienne église des Jésuites (XVIIIe s.) répond à celle du Redentore d'Andrea Palladio, située de l'autre côté du canal de la Giudecca (p. 101). À l'intérieur, un ébouriffant plafond en trompe-

Squero San Trovaso

Zattere ai Gesuati

l'œil de Tiepolo (*Apparition de la Vierge à saint Dominique*).
Également appelée Santa Maria del Rosario, Fondamenta delle Zattere • ☎ 041 275 04 62 • Lun.-sam. 10h30-16h30 • Entrée : 3 €.

❻ PALAZZO DELLE ZATTERE – V-A-C FOUNDATION*

La Fondation russe d'art contemporain gère, au sein de ce palais Renaissance, un espace de rencontres animé d'expositions, de conférences, d'ateliers et de concerts. L'élégant palais, rénové par le Vénitien Alessandro Pedron, offre 3 étages d'espace d'exposition et une vue enchanteresse sur le canal de la Giudecca. À l'arrière, un petit jardin secret où se ressourcer autour de l'œuvre de *land art* du collectif londonien Assemble, *Laguna Viva*, évocation poétique de l'environnement vénitien. Bonne nouvelle : on peut aussi y boire un café ou y manger une douceur.
Palazzo delle Zattere, Dorsoduro, 1401 • ☎ 041 099 68 40 • www.v-a-c.ru/location/venice • Jeu.-mar. 11h-19h (8h-23h pour le café). • Entrée libre.

❼ ZATTERE AI GESUATI ET PONTE LUNGO***

Lorsque le soleil tourne à l'oblique, les Vénitiens goûtent la brise de mer qui rafraîchit les quais (littéralement, *zattere* signifie « pontons »). Ils y prennent aussi un verre, partagent des *cicchetti*, courent ou viennent flâner en regardant cette lumière, douce comme du velours, inonder les Zattere.

6 La pointe DU DORSODURO

● Restos & bistrots p. 128 ● Bars, clubs & sorties p. 161 ● Boutiques p. 187

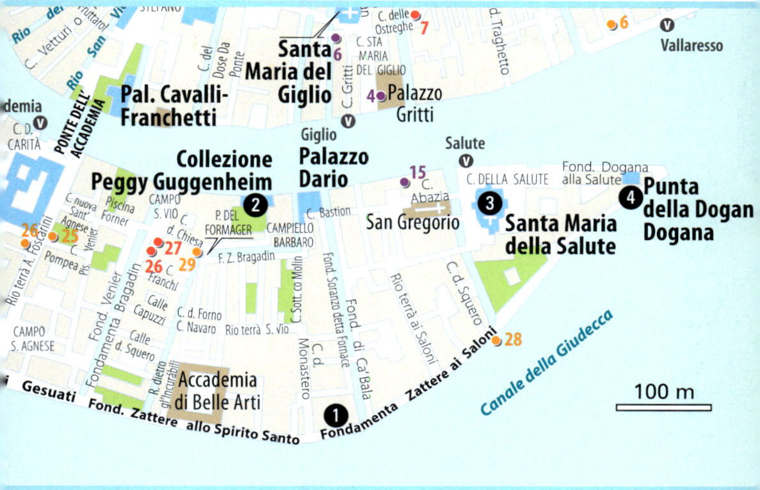

Dominée par la coupole triomphale de la Chiesa Santa Maria della Salute, cette partie du Dorsoduro (le « dos dur » ou l'« épine dorsale ») est idéale pour se reposer de l'agitation de la place Saint-Marc et prendre un grand bol d'air. Ses *calle* sont dotées de quelques galeries d'art dont l'incontournable Collezione Peggy Guggenheim et la Punta della Dogana. Ne manquez pas les paisibles Zattere, le long du canal de la Giudecca, magnifiquement éclairés au coucher du soleil.

❶ LE LONG DES ZATTERE★★★

Des Zattere allo Spirito Santo et ai Saloni jusqu'à l'église Santa Maria della Salute, la balade est romantique... Après l'Académie des beaux-arts (qui ne se visite pas), l'église Santo Spirito et les anciens entrepôts de sel, on découvre le *rio* minuscule de la Fornace, exquis. Les Zattere, à toute heure, c'est divin !

❷ COLLEZIONE PEGGY GUGGENHEIM★★★

Entre l'église Santa Maria della Salute et les Gallerie dell'Accademia, la Collezione Peggy Guggenheim est l'un des hauts lieux culturels de Venise. Vous pourrez y admirer l'une des plus belles collections d'art moderne en Europe. Riche héritière et muse des surréalistes, Peggy avait deux passions : ses chiens et l'art. La plupart des grands mouvements artistiques modernes et contemporains sont ici présents. Bonne librairie et expositions temporaires.

Le Palazzo Ca' Venier dei Leoni

À l'origine, ce palais devait être composé de 4 étages, mais, faute d'argent, les travaux n'ont jamais pu aboutir. Finalement, seul 1 étage a vu le jour, d'où son surnom de « palais inachevé ». Peggy Guggenheim, une milliardaire américaine excentrique, le trouva si original qu'elle l'acheta en 1949. Le bâtiment possède aussi un agréable jardin.

La collection d'une vie

Passionnée d'art contemporain, Peggy Guggenheim réunit entre 1938 et 1947 plus de 200 peintures et sculptures aussi originales que variées. Sa vie fut une succession d'amitiés et d'amours fantasques. Peggy se maria en secondes noces avec Max Ernst, peintre surréaliste. C'est grâce à ses rencontres qu'elle put constituer un tel trésor artistique.

Cubisme, futurisme et surréalisme

Dans ce temple de la peinture et de la sculpture du XXe s., les salles regorgent de signatures toutes plus connues les unes que les autres. De Picasso, Magritte, Pollock, Miró

Pause détente : Corner Pub

Un comptoir en bois, quelques tabourets, 2 arrière-salles pour s'installer autour de vraies tables et la radio qui crachote quelques tubes... L'ambiance est jeune et détendue à cette adresse, qui permet de s'offrir une *calzone*, un *panino* au thon fumé, une *focaccia* ricotta-épinards (4,50 €) ou un plat de pâtes pour quelques euros. Aux beaux jours, quelques tonneaux et tabourets sont installés à l'angle de la rue pour profiter de la vue sur le tout petit pont et le canal.

● 29 • **Calle della Chiesa, 684 • ☎ 349 457 67 39 • Mar. 8h-17h, mer.-lun. 8h-minuit.**

Collezione Peggy Guggenheim

ou Dalí à Mondrian et Kandinsky, en passant par Ernst, beaucoup de ces œuvres sont enviées par les plus grands musées du monde. Voyez aussi les sculptures de Brancusi, Marini et Calder, exposées sur la terrasse, face au Grand Canal. Un superbe voyage au fil du temps et des courants artistiques, dans un cadre enchanteur.

Palazzo Ca' Venier dei Leoni, 701 • ☎ 041 240 54 11 • www.guggenheim-venice.it • Mer.-lun. 10h-18h (f. de la billetterie 30 min avant) ; f. 25 déc. • Entrée : 15 €.

❸ CHIESA DI SANTA MARIA DELLA SALUTE★★★

On se sent minuscule face à la grandeur de ce monumental exemple du baroque vénitien ! À la croisée du Grand Canal et du Rio della Salute, les Vénitiens érigèrent cette église à partir de 1631 pour remercier la Vierge d'avoir mis fin à la terrible épidémie de peste de 1629-1630, qui tua plus de 46 000 personnes, soit un tiers de la population de la Vénétie. Un événement encore commémoré le 21 novembre par une procession qui traverse un pont flottant installé pour l'occasion. L'architecte Baldassare Longhena n'a lésiné ni sur les statues ni sur les clochetons ni sur le diamètre de la coupole... lui consacrant 50 ans de sa vie. On se sent tout petit à l'intérieur de ce monumental exemple du baroque vénitien, et on en ressort vraiment abasourdi.

L'extérieur

Plus de 1 million de pieux supportent l'immense édifice construit entièrement en pierre d'Istrie. Pour la première fois à Venise, l'architecte Baldassare Longhena proposa une église à plan central et de structure octogonale, une forme propre à évoquer une couronne dédiée à la Vierge. Préféré à tous les autres par le Sénat, le projet incluait un gigantesque dôme, le plus grand de la cité, et un plus petit au-dessus du sanctuaire. Sa façade sur le Grand Canal s'ouvre par un arc de triomphe majestueux.

L'intérieur

À la différence de l'extérieur, d'un baroque exubérant, l'intérieur est sobre et mesuré, à la manière des églises de Palladio. Le pavement en étoile mène à 6 chapelles. Le sanctuaire abrite le maître-autel en marbre, signé encore Longhena. Remarquez aussi l'icône de la Madone della Salute, datant du XIIe s., et une *Descente du Saint-Esprit*

Chiesa di Santa Maria della Salute

Punta della Dogana

de Titien (1546). N'oubliez pas d'aller contempler *Les Noces de Cana* du Tintoret, dans la sacristie, aux côtés d'autres Titien et Giordano.

Campo della Salute • ☎ 041 274 39 28 • T.l.j. 9h30-12h et 15h-17h30 ; sacristie : t.l.j. 10h-12h, 15h-17h (f. dim. matin) • Entrée de la sacristie : 4 €.

❹ PUNTA DELLA DOGANA★★★

La Punta della Dogana est un centre d'art contemporain de près de 3 000 m² exposant les œuvres d'artistes du monde entier. Après le Palazzo Grassi (p. 45), François Pinault a acquis l'ancienne douane maritime, construite en 1677 pour contrôler l'entrée des marchandises à Venise. L'architecte japonais Tadao Ando l'a réhabilitée et transformée en écrin minimaliste, dans le respect du bâtiment d'origine. Briques anciennes, poutres, structures d'acier et de béton, et superbes fenêtres forment un écrin épuré pour les œuvres de Jeff Koons, Maurizio Cattelan, Cy Twombly… Dehors, le cadre enchanteur évoque les toiles de Canaletto, inspirées par les anciens entrepôts.

Dorsoduro 2 • ☎ 041 200 10 57 • www.palazzograssi.it/en/visit/tickets-and-hours • Expos : mer.-lun. 10h-19h ; f. de la billetterie 1h avant (consulter le site) • Entrée : 18 € le billet couplé avec le Palazzo Grassi.

7 Du côté de la CA' REZZONICO

● Restos & bistrots p. 129 ● Bars, clubs & sorties p. 161 ● Boutiques p. 188

En bordure du Grand Canal, ce coin de Venise dévoile une merveille : la Ca' Rezzonico, palais du XVIIIe siècle à la décoration intérieure splendide. Quant aux terrasses du Campo Santa Margherita, elles sont la chasse gardée des étudiants. Le jour, on y trouve une Venise tranquille, villageoise et séduisante ; le soir, c'est l'un des lieux incontournables pour boire un verre.

❶ CA' REZZONICO★★★

La Ca' Rezzonico est aussi connue sous le nom de Museo del Settecento Veneziano. Ce vénérable bâtiment du XVIIIe s., avec sa sublime décoration intérieure de marbres, trompe-l'œil et plafonds peints, vous laissera pantois d'admiration et vous fera fantasmer sur les richesses que cachent les autres demeures de la Sérénissime. Le palais, rempli de meubles et de peintures de Longhi, Canaletto, Piazzetta ou Guardi, donne un magnifique aperçu du faste du XVIIIe s. vénitien.

Ca' Rezzonico

La salle de bal

Spectaculaire dès l'entrée ! Conçue par Giorgio Massari et décorée par Visconti et Crosato, cette salle s'étend sur toute la largeur du palais et sur une hauteur de 2 étages. Le premier bal y fut donné en 1758 et permit à la famille de se rendre célèbre. Aujourd'hui, des concerts y ont lieu (renseignements sur place).

La salle de l'Allégorie nuptiale

Elle est intéressante pour la fresque du plafond, peinte par Tiepolo en 1757. Il la réalisa à l'occasion du mariage de Ludovico Rezzonico.

La bibliothèque

Au 1er étage, rendez-vous au fond de la bibliothèque. On y trouve la lettre d'anoblissement de la famille Rezzonico, qui versa en échange

Ca' Rezzonico

de ce privilège la modique somme de 100 000 ducats.

Le 2e étage

Il abrite plusieurs grandes œuvres de la peinture du XVIIIe s., tels *Le Rhinocéros* de Pietro Longhi ou *Il Ridotto* et *Il Parlatorio* de Guardi. Vous pourrez aussi découvrir des meubles de style oriental et un clavecin sculpté.

Fondamenta Rezzonico, 3136 • ☎ 041 241 01 00 • www.visitmuve.it • Mer.-lun. 10h-18h (17h en hiver) ; f. de la billetterie 1h avant • Entrée : 10 €.

❷ SAN PANTALON**

Les amateurs de plafonds en trompe-l'œil – et même ceux qui s'y connaissent moins – ne rateront sous aucun prétexte celui de cette église. L'œuvre, une toile de 900 m² réalisée par Antonio Fumiani à la fin du XVIIe s., laisse le visiteur littéralement sans voix ! L'artiste, qui fit une chute mortelle en la réalisant, fut inhumé sur place.

Campo San Pantalon • ☎ 041 523 58 93 • Lun.-sam. 10h-12h et 13h-15h • Accès libre.

❸ CAMPO SANTA MARGHERITA**

Une place au charme fou : cafés en terrasse, arbres sous lesquels prendre le frais, petites boutiques, marché certains jours, le tout entouré de hautes maisons des XIVe et XVe s.

❹ SANTA MARIA DEL CARMELO ET SCUOLA GRANDE DEI CARMINI**

Si l'église se révèle être un intéressant exemple d'architecture de la Renaissance, la *scuola* est une curiosité : l'ensemble de la décoration de l'étage supérieur a été réalisé entre 1739 et 1749 par le grand peintre vénitien Giambattista Tiepolo.

Campo dei Carmini
Église : ☎ 041 522 65 53 • Lun.-sam. 7h-12h et 14h30-19h, dim. 7h-12h et 17h-19h • Accès libre.
Scuola : ☎ 041 528 94 20 • T.l.j. 11h-17h • Entrée : 7 €.

❺ PALAZZO ZENOBIO**

Derrière la façade sobre de ce palais de la fin du XVIIe s. se cache l'un des intérieurs baroques les plus splendides de Venise : la salle de bal surtout, avec son décor en trompe-l'œil et ses stucs en abondance...

Collegio Armeno Fondamenta del Soccorso, 2596 • ☎ 041 522 87 70 • www.palazzo-zenobio.com • Privé, se visite sur résa par mail à info@collegioarmeno.it (2€ pour la salle de bal) ou lors de la Biennale lorsque le Pavillon arménien s'y installe : 10h-17h.

❻ SAN SEBASTIANO**

Sous des dehors modestes, cette église renferme l'un des cycles les plus éblouissants peints par Véronèse à Venise : une *Vie*

San Sebastiano

d'Esther dans la nef, la Vierge, l'Enfant et les saints du retable, la *Vie de saint Sébastien* aux murs... Une œuvre imposante qui valut à l'artiste d'être enterré ici, au pied de l'orgue.

Campo San Sebastiano • ☎ 041 275 04 62 • Lun.-sam. 10h30-16h30 (f. de la billetterie 20 min avant) • Entrée : 3 €.

❼ PALAZZETTO TITO**

Le Palazzetto Tito, siège de la dynamique Fondazione Bevilacqua, offre son espace aux artistes contemporains. Cette fondation, née en 1898, porte le nom de sa créatrice, la duchesse Bevilacqua (c'est elle qui légua à la ville son palais, la Ca' Pesaro, actuel musée d'Art moderne, p. 72), et a accueilli en son temps les œuvres de Boccioni, Martini, Basquiat, Bourgeois, Beuys ou Delaunay. Un autre lieu sur la place Saint-Marc, à côté de l'office de tourisme (Galleria di Piazza San Marco, 71/C, plan 18, ☎ 041 523 78 19, mer.-dim. 10h30-17h30).

Fondamenta Gherardini, 2826 • ☎ 041 520 77 97 • www.comune.venezia.it/it/content/fondazione bevilacqua-la-masa • Mer.-dim. 10h30-17h30 (lors des expositions).

Pause *cicchetti* : Osteria ai Pugni

Si vous n'avez qu'une petite faim, optez pour ce bar lilliputien ! Le prix de ses boulettes de thon, de ses aubergines grillées et de ses sandwichs maison est très honnête. Ses 4 tabourets ont une vue imprenable sur le Ponte dei Pugni, le fameux pont « aux Poings » où s'affrontaient régulièrement, jusqu'en 1705, les deux grandes factions rivales de Venise : les Castellani (habitants de la partie est de Castello) et les Nicolotti (ceux de la partie ouest du Dorsoduro).

● 34 • Fondamenta Gherardini, 2836 • ☎ 346 960 77 85 • Lun.-dim. 10h-23h • *Cicchetti* : à partir de 1,50 €.

LA VENISE des Vénitiens

En se promenant dans le centre-ville, on se demande parfois où sont les Vénitiens. Si la splendeur de Venise saute aux yeux, sa vie de tous les jours est difficile à saisir. Pourtant, ils sont près de 50 000 à vivre à Venise au quotidien. Alors où sentir vibrer la Venise des Vénitiens ?

Rameurs sur le bassin Saint-Marc lors de la Vogalonga

La vie sur les campi

Dans une ville sans voitures, vivre dehors est une évidence. Pour pallier les appartements exigus et les jardins rares, Venise incite ses habitants à s'approprier les places. Autrefois, on y faisait paître les animaux ou pousser le potager, d'où leur nom de ***campo*** (le champ). À chaque heure, les *campi* s'animent différemment : on vient y boire le café au point du jour, puis ils vibrent du flux des passants avant de s'apaiser à l'heure du déjeuner pour se remplir à nouveau vers 16h. Les enfants débarquent à trottinette pour improviser des parties de foot. Sous les étoiles, ce sont les jeunes qui s'emparent des places pour refaire le monde. Voici les *campi* les plus authentiques : San Giacomo dell' Orio, San Giovanni e Paolo, Santa Margherita, San Polo.

Venise à la rame

Observez les palais et imaginez que chacune de leurs pierres a été transportée jusqu'ici à la rame ! Pendant longtemps, les livraisons des produits cultivés sur l'île de San Erasmo se sont faites au gré des marées, à bord des ***topette***, petites barques à fond plat menées par un ou deux rameurs debout. Aujourd'hui, les transporteurs motorisés ont pris la place de ces frêles embarcations : vous les verrez, le matin, envahir les canaux pour fournir restaurants et supermarchés.

Pourtant la rame survit, car les Vénitiens lui vouent une véritable passion. Les associations et les clubs se multiplient, pour le simple plaisir de se déplacer à la rame ou pour se préparer à la célèbre **Vogalonga,** une course qui relie le bassin Saint-Marc à Burano. Ramer permet de mieux saisir le caractère de cette ville d'eau : son rythme, son vocabulaire, ses techniques de navigation et, surtout, sa grande beauté vue des petits canaux plus intimes.

Pour prendre un cours de rame : Venice on Board • Fondamenta Contarini 3009/G • ☎ 342 961 01 66 • 40 € le cours de 1h30 + inscription à l'association.

Pour faire un tour en kayak : BV Kayak • Calle Turlona, 2866 • ☎ 344 264 99 55 • www.bvkayak.com • En journée : 60 € pour 2h ; le soir (21h-23h) : 60 €.

Les sagre vénitiennes

Qui aurait imaginé trouver, au détour des *calle* labyrinthiques du quartier de Castello, une petite place animée où la foule se délecte de *bigoi in salsa* (gros spaghettis aux anchois) devant un concert de rock ? C'est pourtant bien ce qui se passe à Venise pendant la **saison des *sagre* ! Grandes fêtes populaires,** elles sont organisées principalement en juin et juillet pour célébrer la récolte d'un produit local. Leur caractère solennel et religieux n'est plus : les Vénitiens se rassemblent désormais sur les *campi* pour fêter leurs produits, cuisinés à toutes les sauces, en dégustant une *ombra* au son de concerts ou autres événements. Petits prix, grandes tablées, spectacles et marchés aux puces... Venise est bien vivante !

Les *sagre* les plus importantes sont la Sagra di San Pietro in Castello et la Sagra di San Francesco della Vigna. Consultez les dates et le programme sur www.veneziatoday.it/eventi/tipo/sagre

VERS UN TOURISME PLUS RESPONSABLE

Venise peut-elle résister aux flux de visiteurs ? Comme la municipalité, qui a lancé la campagne **#EnjoyRespectVenice** (lire encadré p. 211), nous pensons qu'un tourisme responsable est possible. Cela passe par une consommation locale (souvenirs artisanaux, gastronomie vénitienne plutôt que fast-food), mais aussi par le respect des équilibres de Venise : ne pas nourrir les pigeons, faire attention à ses déchets... Ici, les règles de base revêtent une importance particulière ; non respectées, elles ont des conséquences démultipliées sur l'environnement, auquel l'existence de Venise est intrinsèquement liée (p. 86). La Sérénissime mérite bien quelques égards !

8 Du pont du Rialto À LA CA' PESARO

● Restos & bistrots p. 130 ● Bars, clubs & sorties p. 164 ● Boutiques p. 192

Le fameux pont du Rialto, où converge chaque matin, depuis des siècles, le Tout-Venise venu faire ses emplettes dans une ambiance animée, n'est qu'à une encablure de la Ca' Pesaro, qui renferme des trésors d'art moderne.

❶ PONT DU RIALTO★★★

Ponte di Rialto

Sans lui, Venise ne serait pas tout à fait la cité des Doges ! Jusqu'en 1854, le pont du Rialto était le seul moyen de traverser le Grand Canal à pied. Bâti en bois au XIIe s., puis souvent reconstruit, le pont du Rialto actuel, conçu par Antonio da... Ponte, est achevé en 1591. Cette structure audacieuse pour l'époque repose sur plus de 12 000 pilotis, son unique arche

Pont du Rialto

de 7,50 m de haut permettant alors aux galères commerciales de remonter le Grand Canal jusqu'aux marché et la Fondaco dei Tedeschi voisins. Comme à Florence sur le Ponte Vecchio, des orfèvres s'y sont établis et perpétuent cette tradition. Au sommet du pont, de part et d'autre, la vue sur le Grand Canal est sublime et... prisée ! À voir au petit matin ou en soirée pour apprécier un moment de calme.

❷ RUGA DEGLI OREFICI ET RUGA VECCHIA*

La ruelle des Orfèvres (Ruga degli Orefici ou degli Oresi) et la « Vieille Ruelle » (Ruga Vecchia) ressemblent aux artères commerçantes d'un village. Elles sont extrêmement animées lorsque le marché du Rialto (p. 70) bat son plein, entre 11h et 12h. Une balade tumultueuse.

Marché du Rialto

❸ SAN GIACOMO DI RIALTO*

Depuis le pont du Rialto, vous êtes à deux pas de la Chiesa San Giacomo di Rialto et de son beau portique à colonnes et chapiteaux de marbre. L'horloge du XVe s., dotée d'une seule aiguille en forme de rayon de soleil trottant sur un cadran à chiffres romains, renseigne toujours les habitués du quartier.

Campo San Giacomo, 1 • Entrée libre.

❹ FABBRICHE VECCHIE ET NUOVE*

Les anciens sièges des administrations du commerce, de la navigation et du ravitaillement, bâtis par Scarpagnino et Sansovino, dressent leurs arcades au bord du Grand Canal depuis le XVIe s. Ils abritent aujourd'hui le tribunal.

Campo San Giacomo • F. au public.

❺ MARCHÉ DU RIALTO***

C'est après le *ponte* que l'on trouve les plus anciens et les plus célèbres étals de Venise. Celui de l'Erberia est dédié aux fruits et légumes, la Pescheria aux poissons et aux fruits de mer fraîchement débarqués sur les quais du Grand Canal. Tous les Vénitiens viennent ici !

Campo della Pescheria • **Marché aux poissons :** mar.-sam. 7h30-12h • **Marché aux fruits et légumes :** lun.-sam. 7h30-12h.

6 SAN CASSIANO ET SON *CAMPO*★

L'église en elle-même est un patchwork de styles ; on peut y admirer une étonnante *Crucifixion* du Tintoret. Mais l'essentiel est dans le charme de ce *campo* tranquille que borde le Rio Cassiano.

Campo San Cassiano • ☎ 041 72 14 08 • Lun.-sam. 9h-12h et 15h-19h.

7 PALAZZO MOCENIGO★★

Le musée du Parfum, du Tissu et du Costume est une véritable bonbonnière toute tendue de velours et de brocarts, nichée

Pause authentique : Cantina Do Spade

Au XVe s., les Vénitiens aimaient déjà venir à la Cantina Do Spade, l'une des plus antiques *osteria* de la ville, pour goûter son vin et sa cuisine. Demandez au comptoir une portion de *calamari ripieni* ou autres *cicchetti* et installez-vous à la grande table collective. Si vous avez vraiment faim, testez les spécialités à la carte, comme les seiches à l'encre, un régal...

● 45 • Calle de le Do Spade, 859 • ☎ 041 521 05 83 • www.cantinadospade.com • Mer.-lun. 10h-15h et 18h-22h, mar. 18h-22h • Seiche et polenta : à 15 €, *cicchetti* : à partir de 1,50 €.

Ca' Pesaro

dans un palais du XVIIe s. On entre dans la demeure des Mocenigo, ancienne famille de patriarches vénitiens, qui compta doges et procurateurs. Le parcours de visite conduit à la découverte des essences qui transitaient par la Sérénissime, dont l'histoire est intimement liée au commerce des épices et des étoffes. D'élégants flacons de verre permettent aux visiteurs de sentir les parfums, tandis que des mannequins masqués révèlent les vêtements d'époque. Les nombreux tableaux qui représentent la noblesse vénitienne ou des vues de la ville complètent l'immersion. Dans un esprit qui cultive le décalage, des expositions d'art contemporain y sont parfois organisées, faisant dialoguer photos ou sculptures avec un cadre suranné.

Santa Croce, 1992 • ☎ 041 72 17 98 • mocenigo.visitmuve.it • Mar.-dim. 10h-17h (16h nov.-mars) ; f. 1er janv., 1er mai et 25 déc. • Entrée : 8 €.

❽ CA' PESARO★★★

Dans ce palais dessiné par Longhena (fin du XVIIe s.) sont présentées les œuvres achetées lors des premières Biennales de Venise. La **Galleria d'Arte Moderna** abrite de véritables trésors, notamment un très beau Klimt. Et ne manquez surtout pas le fonds d'objets d'art japonais du **Museo d'Arte Orientale** (situé au dernier étage).

Galleria d'Arte Moderna e Museo d'Arte Orientale, Fondamenta Ca' Pesaro, 2076 • ☎ 041 721 127 • capesaro.visitmuve.it • Mar.-dim. 10h-17h ; f. de la billetterie 1 h avant • Entrée : 10 € palais seul, 14 € avec expo.

❾ CHIESA DI SAN STAE ET SON *CAMPO*★

Les Vénitiens renomment souvent les saints à la sauce locale : saint Eustache devient ainsi Stae. Sous ce diminutif affectueux, il s'agit d'une église baroque qui donne directement sur le Grand Canal. Depuis son parvis, on ne sait plus où donner de la tête. Il faut choisir entre contempler le passage des *vaporetti* ou les émouvantes sculptures placées sur la façade de l'église réalisée par Domenico Rossi (1708). Les grands artistes de leur temps se retrouvent à l'intérieur, dans une unique nef où les œuvres abondent : l'incontournable Tiepolo, mais aussi Ricci, Piazzetta, Pellegrini...

Salizada San Stae, 1982 • Lun-sam 13h45-16h30 • Entrée : 3 €.

Chiesa di San Stae

9 Autour de la BASILICA DEI FRARI

● Restos & bistrots p. 133 ● Bars, clubs & sorties p. 164 ● Boutiques p. 194

La maison de Goldoni, l'exceptionnelle Basilica dei Frari, où reposent Monteverdi et Titien, la Scuola Grande di San Rocco, décorée par le Tintoret... À l'écart du Rialto et de ses touristes, le quartier Santa Maria dei Frari, avec son dédale de ruelles et ses culs-de-sac, possède une indéniable richesse patrimoniale. C'est aussi là que se trouvent les plus jolies boutiques de la ville, de l'artisanat traditionnel à la plus pointue des boutiques de mode... et quelques bars où commencer la soirée.

Scuola Grande di San Rocco

❶ SCUOLA GRANDE DI SAN ROCCO★★★

Au temps de la République de Venise, les *scuole* étaient des institutions à vocation caritative. Celle de San Rocco, édifiée au début du XVIe s., se dédiait à la lutte contre la peste et au secours des plus démunis. C'est le temple de l'œuvre du Tintoret, qui l'a décorée du sol au plafond, donnant vie à une foule de personnages tirés de l'Ancien Testament.
Le 1er étage est spectaculaire. L'émotion est prenante dans la Sala dell'Albergo, la 2nde salle du 1er étage, où se dévoile la dramatique *Crucifixion*. Un coup de pinceau révolutionnaire pour cette toile du Tintoret (1565) avec ses jeux d'ombre et de lumière.
La visite se prolonge par la Chiesa di San Rocco, face à la Scuola, où les œuvres du Tintoret, toujours lui, resplendissent à côté de celles du Pordenone ou de Stefano Ricci.

Campo San Rocco • ☎ 041 523 48 64 • www.scuolagrandesanrocco.it.
Scuola : t.l.j. 9h30-17h30 • Entrée : 10 €.
Chiesa : t.l.j. 9h30-13h et 14h30-17h30 • Entrée : 2 €.

❷ BASILICA SANTA MARIA DEI FRARI★★★

Grandiose, imposante, écrasante, bouleversante… Dans cette église

Basilica Santa Maria dei Frari

édifiée par les franciscains entre 1340 et 1443, le gothique vénitien atteint une perfection inégalée. L'intérieur abrite certaines des plus grandes œuvres d'art que Venise ait produites. Entre une sculpture de Donatello, la géniale *Assomption* de Titien (au maître-autel) – dont on a dit qu'elle était le plus beau tableau du monde –, le Bellini (dans la sacristie) et l'étrange monument funéraire pyramidal de Canova, c'est un véritable feu d'artifice.

Campo dei Frari • ☎ 041 275 04 62 • www.basilicadeifrari.it • Lun.-sam. 9h-18h, dim. 13h-18h • Entrée : 3 €.

❸ SCUOLA GRANDE DI SAN GIOVANNI**

Elle vaut surtout le coup d'œil pour son monumental portique extérieur en marbre, signé Pietro Lombardo (v. 1480) et surmonté d'un aigle, symbole de l'évangéliste Jean (Giovanni). Des visites guidées de la *scuola* et de l'église sont également possibles (en français), mais seulement sur r.-v., en contactant les bureaux (lun.-ven. 9h-18h).

Campiello San Giovanni • ☎ 041 71 82 34 • www.scuolasangiovanni.it • Visite libre les jours ouvrables : 9h30-13h et 14h-17h15 (calendrier sur le site Internet) • Entrée : 10 €.

Pause panini : Bar ai Nomboli

Une petite halte s'impose dans ce bar qui ne paie pas de mine, près de San Tomà, pour déguster de bons paninis (autour de 7-8 €). Un exemple parmi les dizaines de mariages surprenants et savoureux : le panini crevette-roquette-artichauts ! En hiver, des soupes (7 €) s'ajoutent au menu. Parfait pour se réchauffer !

● 54 • Rio Terà dei Nomboli, 2717/C • ☎ 041 523 09 95 • Lun.-ven. 7h-21h, sam. 7h-15h30 (f. sam.-dim. en juil., f. 2 sem. et sam. en août).

❹ SAN POLO ET SON *CAMPO*★

Ce *campo* s'anime lors du Carnaval. L'église, sobre, abrite 14 petits tableaux de Tiepolo fils et des œuvres du Tintoret et de Véronèse.

☎ 041 275 04 62 • Chiesa : lun. 10h30-16h, mar.-sam. 10h30-16h30 • Entrée : 3 €.

❺ CASA DI GOLDONI★

La maison natale du dramaturge vénitien Carlo Goldoni (1707-1793), auteur, entre autres, des *Rustres* et de *La Locandiera*, est un musée depuis 1931. Quelques objets, livres d'époque et œuvres retracent la vie de l'artiste. Ne manquez pas la belle cour intérieure.

Palazzo Centani, calle dei Nomboli, 2794 • ☎ 041 275 93 25 • carlogoldoni.visitmuve.it • Jeu.-mar. 10h-17h (16h en hiver) ; f. de la billetterie 30 min avant • Entrée : 5 €.

❻ CAMPO SAN TOMÀ★★

Cette petite place est dominée par la sobre **église San Tomà** du XVIIIe s. En face, l'ancienne **Scuola dei Calegheri** (école des Cordonniers) dont le portail (1478) est surmonté d'un bas-relief de Pietro Lombardo représentant saint Marc et le patron de la Guilde des cordonniers (Scoleta dei Calegheri).

Casa di Goldoni

10 La Riva degli Schiavoni ET LE PONT DES SOUPIRS

● Restos & bistrots p. 135 ● Bars, clubs & sorties p. 167 ● Boutiques p. 197

À côté de la place Saint-Marc, sur la Riva degli Schiavoni, façades et palais embrassent l'une des plus belles vues du monde. Seule une poignée de visiteurs va plus avant, et c'est tant mieux : un minimum de calme s'impose pour découvrir les beautés de Castello, immortalisées par Canaletto.

❶ PONT DES SOUPIRS★★★

Ponte dei Sospiri
Bâti en 1614, il reliait les cellules au tribunal du palais des Doges. Les prisonniers le traversaient en soupirant, surtout au temps de l'Inquisition – d'où son nom. Ce pont a la particularité d'être entièrement fermé (c'est le seul bâti ainsi à Venise), de sorte que l'on ne puisse pas entendre les cris et lamentations des condamnés, mais aussi pour éviter toute tentative d'évasion. Vous pourrez le traverser lors de la visite du palais des Doges (p. 29). La vue classique, depuis le Ponte della Paglia,

Pont des Soupirs

étant très fréquentée, essayez plutôt côté Ponte della Canonica, à l'angle nord-est du palais...

❷ MUSEO DIOCESANO*

Un musée diocésain ? Oui, dit comme ça, ça peut faire un peu peur, mais, en fait, son cloître des XIIe-XIIIe s., peu connu des touristes, est charmant, et ses collections, au 1er étage, sont plutôt bien présentées. Vous y verrez des tableaux du Tintoret peints pour l'église Sant'Andrea della Zirada, ainsi que 2 hauts dossiers en bois marqueté provenant de la basilique Saint-Marc et des statues de Madone habillées de tenues traditionnelles vénitiennes des XVIIe et XVIIIe s.
Fondamenta Sant'Apollonia, 4312 • ☎ 041 724 11 24 • Mar.-dim. 10h-18h, f. lun. • Entrée du cloître : 2,50 €, cloître + musée : 5 €.

❸ SAN ZACCARIA**

Cette église de la Renaissance (1485) renferme une, sinon la plus belle, œuvre de Giovanni Bellini *(Vierge à l'Enfant)* dans la chapelle latérale, des polyptyques du XVe s. ruisselant d'or ainsi que des fresques du Florentin Castagno.
Campo San Zaccaria, 4693 • ☎ 041 522 12 57 • Lun.-sam. 10h-12h et 16h-18h, dim. 16h-18h • Entrée de la chapelle : 1,50 €.

❹ SAN GIORGIO DEI GRECI ET MUSEO DELLE ICONE**

Allez-y pour assister à une messe orthodoxe (dim. 9h30-11h30) et pour rêver au temps où la Sérénissime entretenait des liens privilégiés avec Constantinople. Visitez aussi la *scuola* et sa riche collection d'icônes réalisées à Venise par les artistes byzantins ayant fui l'Empire ottoman. Un musée sans âge où le parquet ciré craque délicieusement sous les pas. Son campanile, remarquablement penché, est l'œuvre de Bernardo Ongarin.
Église : entrée depuis le Ponte dei Greci • ☎ 041 523 95 69

Pause douceur : Pasticceria Da Bonifacio

C'est une toute petite adresse gourmande à ne pas rater dans une ruelle retirée, derrière la place Saint-Marc. De la cuisine s'échappent les parfums sucrés des pâtisseries confectionnées sur place. Chocolat, pistache, crème, noisette... une foule de bonnes mignardises pour accompagner son café, à prendre au comptoir, car il n'y a pas de places assises.

62 • Calle dei Albansei, 4237 • ☎ 041 522 75 07 • T.l.j. sf jeu. 6h30-18h30 (7h30 sam.-dim.) • Mignardises : à partir de 1 €.

• Mar.-sam. 9h-13h et 14h30-17h, dim. 9h-13h.
Musée : ☎ 041 522 65 81
• Sam-lun. 9h-16h30 • Entrée : 4 €.

❺ SCUOLA DI SAN GIORGIO DEGLI SCHIAVONI★★

Siège de la Confraternità dei Dalmati, marchands des Balkans qui commerçaient avec Venise, cette *scuola* est un petit bijou caché dans le quartier de Castello. À l'intérieur, saint Georges terrasse le dragon sous le pinceau de Carpaccio dans une série de tableaux du XVIe s. Les amateurs apprécieront les 2 autres cycles du peintre dédiés à saint Jérôme et à l'Oriental saint Tryphon.

San Giorgio dei Greci

Fondamenta Furlani, 3259/A • ☎ 041 522 88 28 • Lun. 13h30-17h30, mar.-sam. 9h30-17h30 et dim. 9h30-13h30 • Entrée : 6 €.

❻ OCEAN SPACE**

Après une longue période d'abandon, la Chiesa di San Lorenzo (1592-1602) a rouvert ses portes, pour accueillir l'Ocean Space. Pour remettre en état l'édifice, maintes fois remanié au cours des siècles (la première mention de l'église remonte au IXe s. !), la fondation TBA21-Academy a entrepris d'importants travaux (toujours en cours), afin d'y créer des espaces d'exposition et d'autres dédiés à la recherche. Entre les échafaudages sont présentées les œuvres d'artistes contemporains qui dialoguent avec les problématiques liées à l'océan. Trait d'union entre expérimentation artistique et recherche scientifique, le lieu propose un riche programme d'expositions, de conférences et de performances. Une opportunité d'admirer à la fois le double autel baroque de l'église et les œuvres d'artistes d'aujourd'hui. À terme, une mezzanine devrait être construite, où seront logés les bureaux.

Chiesa di San Lorenzo, Castello, 5069 • www.ocean-space.org • Mar.-dim. 11h-19h • Entrée libre.

11 De l'Arsenale AUX GIARDINI

● Restos & bistrots p. 138 ● Bars, clubs & sorties p. 169 ● Boutiques p. 199

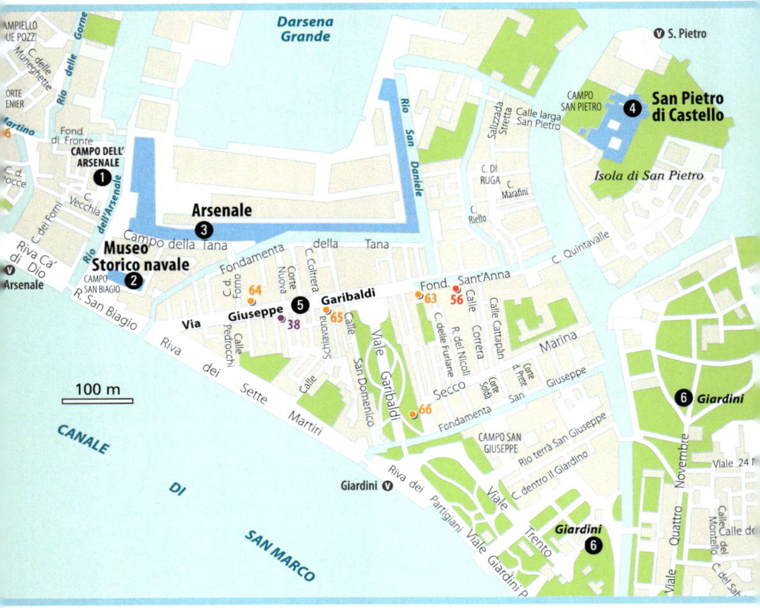

Vous aimez les contrastes ? Vous allez adorer la partie est de Castello ! Ce quartier populaire, autrefois habité par les ouvriers de l'Arsenale, vit désormais au rythme des Biennales. Vous y trouverez, 6 mois durant, toutes sortes d'expos stimulantes, ainsi que des ruelles photogéniques où la ménagère en pantoufles croise… le collectionneur en cravate, sur fond de cordes à linge, d'images pieuses et de bannières communistes ! En vous promenant dans les Giardini jusqu'à Sant'Elena, vous profiterez du quartier qui se fait bucolique et de la vue qui flirte avec le Campanile ou les îles de la lagune – c'est selon…

Arsenale

❶ CAMPO DELL' ARSENALE★★

Vous voyez les 4 gros lions en marbre ? Ils veillent sur la porte principale de l'Arsenale (1460). On ne peut pas y entrer – c'est toujours une zone militaire ! –, mais, du pont qui fait face à la « porte d'eau », vous apercevrez les hangars autrefois affectés à la construction des redoutables navires de la République. Les ouvriers qui servaient cette usine de guerre étaient logés (quasi) gratuitement dans les maisons à l'extérieur de l'enceinte.

❷ MUSEO STORICO NAVALE★★

Dédié à l'histoire maritime de Venise, ce musée a un charme désuet et attachant : pavillon des Navires, cartes anciennes en bois, pièces d'artillerie, maquettes (ne manquez pas celle du *Bucentaure*, galère d'apparat des doges), costumes et gondoles.

Riva San Biagio, 2148 • ☎ 041 24 24 • www.visitmuve.it/it/musei/museo-storico-navale-di-venezia/ • Avr.-oct. : t.l.j. 10h-18h ; nov.-mars : t.l.j. 10h-17h ; f. de la billetterie 1h avant • Entrée : 10 €.

❸ ARSENALE★★★

Profitez de la Biennale – d'art ou d'architecture – pour vous faire une petite idée de ce qui fut longtemps l'endroit le plus secret de Venise. Derrière ses murailles, l'Arsenale couvre à lui seul 40 ha. Le parcours suit celui de l'exposition et conduit à travers l'immense bâtiment des Corderies (316 m), la salle d'armes et l'artillerie, où sont exposées une quantité pharaoniqe d'œuvres. À l'extérieur, la vue sur les bassins et Venise au loin est fantastique. On passe enfin sous la grande grue et les bassins de radoub destinés à l'entretien des navires, avant d'atteindre la sortie par le Ponte dei Pensieri.

Accès par le Campo della Tana, uniquement pendant les Biennales, lun.-ven. 9h-18h (horaires variables) • www.labiennale.org • Entrée : 25 € (billet combiné avec les Giardini).

San Pietro di Castello

❹ SAN PIETRO DI CASTELLO*

Encore un petit pont et vous voici à San Pietro, un îlot très paisible et presque campagnard, avec un campanile qui penche et un vieux cloître oublié (Campo San Pietro, 70). On ne le dirait pas, mais son église fut la cathédrale de Venise jusqu'en 1807 (la basilique Saint-Marc n'était « que » la chapelle privée des doges). Jetez un œil, à l'intérieur, sur le trône en marbre offert au doge Pietro Tradonico par l'empereur d'Orient Michel III, orné de versets du Coran, et flânez dans les ruelles alentour : elles ont du charme !

Campo San Pietro • Lun.-sam. 10h30-16h30 • Entrée : 3 €.

❺ VIA GIUSEPPE GARIBALDI*

De l'îlot de San Pietro, le pont de Quintavalle vous conduit tout droit à la Via Garibaldi, qui était un canal avant que Napoléon ne donne l'ordre de le combler.

Pause au vert : Caffè La Serra

La vieille serre en fer et verre de 1894, située à deux pas du quai San Giuseppe, a non seulement retrouvé sa vocation originelle - abriter des plantes exotiques -, mais elle s'est aussi dotée d'un café très paisible où l'on peut grignoter un sandwich et siroter toutes sortes de boissons, dont le tonique Lurisia à base de bigarade (*chinotto* à 3,50 €). La Serra accueille également soirées musicales et expos.

● 66 • Viale Giuseppe Garibaldi, 1254 • ☎ 041 296 03 60 • www.serradeigiardini.org • T.l.j. 10h-20h.

Les Giardini

Il rêvait d'en faire l'artère la plus moderne de Venise ! On est loin du compte, et c'est tant mieux : avec ses petits cafés et ses modestes commerces, la *via* offre encore une belle tranche de vie du Castello qu'on aime. Surtout le matin, autour du bateau du pêcheur amarré au quai de Sant'Anna, qui vend sa prise du jour.

❻ GIARDINI**

Lorsqu'en 1893 la ville de Venise décida de créer la Biennale, elle ne s'attendait sans doute pas à un tel succès ! Rendez-vous incontournable pour les fans d'art contemporain et d'architecture, l'enclave des Giardini invite à une belle balade. Certains pavillons (il y en a 29 au total) ont été conçus par des architectes de talent : Hoffmann pour l'Autriche, Rietveld pour les Pays-Bas... De décembre à avril, une partie des jardins est fermée pour préparer la Biennale suivante.

Sestiere Castello, 30122 • www.labiennale.org • Uniquement pendant les Biennales, mar.-dim. 10h-18h • Entrée : 25 € (billet combiné avec l'Arsenale) • En dehors des Biennales, l'accès aux Giardini est libre.

LA LAGUNE de Venise

Venise est au cœur d'une lagune de 50 km sur 15 km, séparée de la mer Adriatique par une bande de sable. Îles, marais salants, langues de terre : atout dans la création de la ville, cet environnement mouvant fut aussi lourd de contraintes. Il la met aujourd'hui dans une situation difficile, notamment en raison des marées répétées et de l'affaissement du sol. Le projet MOSE sera peut-être une arme salutaire...

L'*acqua alta* place Saint-Marc

Construire dans l'eau

En pleine déroute de l'Empire romain, les Vénètes de la côte fuient les Goths en se réfugiant sur les îles de la lagune. Cet environnement lagunaire est une véritable protection, offrant autant de difficultés que d'atouts (p. 24). Il est, en effet, difficile de construire sans les matières premières indispensables que sont la pierre, l'argile, le bois. Le matériau de base sera donc la brique (90 % de la ville), et la cité s'appuie sur des millions de troncs d'arbres, relais de 3 à 5 m nécessaires pour atteindre la couche d'argile dure qui sert de base aux bâtiments. Malgré ces fondations solides, les campaniles penchent dangereusement ou finissent par s'effondrer. En revanche, la mer offrant de fait un rempart naturel contre les envahisseurs, il est possible de bâtir plus léger.

Acqua alta : une ville souvent submergée

Depuis le début du XXe s., la cité des Doges s'est enfoncée de près de 25 cm ! Les marées fréquentes, conjuguées à des vents violents, l'affaissement des sols et la montée du niveau de la mer entraînent l'inondation régulière de Venise. C'est l'***acqua alta***, un phénomène particulièrement fort de novembre à avril, et dont les habitants sont prévenus par un hurlement de sirène 6h avant l'événement lui-même. En temps normal, la marée présente des variations de 60 à 70 cm sur une période de 12h environ. Mais, selon le Centre de prévision des marées de la Ville, les marées supérieures à 110 cm, provoquant des inondations, surviennent aujourd'hui 20 fois plus souvent qu'il y a 10 ans. La plus violente du XXe s. a atteint 194 cm, le 4 novembre 1966. La place Saint-Marc a été noyée sous 120 cm d'eau, et plus de 80 % de la ville a été submergée. Une catastrophe historique qui a poussé les autorités à étudier sérieusement le problème.

Sauver Venise des eaux

La sauvegarde de Venise est devenue une priorité d'intérêt national. C'est ainsi que naît **MOSE** (Modulo Sperimentale Elettromeccanico), mené de front par la ville, la région et l'État. Objectif affiché : fermer, en cas de marées supérieures à 110 cm, les 3 passes reliant la lagune et l'Adriatique (Lido, Malamocco et Chioggia). Et ce au moyen d'importantes portes anti-inondations. Le projet, dont le coût a triplé depuis le lancement des travaux en 2003 pour atteindre 5 à 6 milliards d'euros, a de nombreux détracteurs. Ils pointent du doigt les dangers qu'une interruption de la circulation de l'eau entre la mer et la lagune fait courir à l'écosystème, ainsi que le coût colossal du projet. En juillet 2013, une vague d'arrestations d'entrepreneurs travaillant sur le projet, soupçonnés d'avoir surfacturé les matériaux pour gonfler la note, a conforté les craintes des opposants. Bien que sa mise en fonction ait débuté, le projet continue de faire des vagues et de soulever des polémiques sur son efficacité et ses coûts, faramineux, d'entretien.

PUNTOMOSE

Le Consorzio Venezia Nuova a mis en place un point d'information destiné à sensibiliser le public aux dangers que font courir les inondations à Venise, autant qu'aux vertus du projet MOSE. Sur place, projection d'un documentaire de 20 min (en anglais ou en italien), brochures d'information sur l'écosystème vénitien et sur les activités de sauvegarde de la lagune, écrans interactifs détaillant par le menu l'environnement naturel de Venise, le phénomène d'*acqua alta* et MOSE.

Arsenale Nord (edificio 63), Giardino Thetis, Castello, 2737/F (plan E2) • Ⓥ Bacini • www.mosevenezia.eu • Lun.-ven. 10h-17h30 • Accès libre.

12 Santa Maria Formosa ET LA BASILICA SANTI GIOVANNI E PAOLO

● Restos & bistrots p. 139 ● Bars, clubs & sorties p. 169 ● Boutiques p. 199

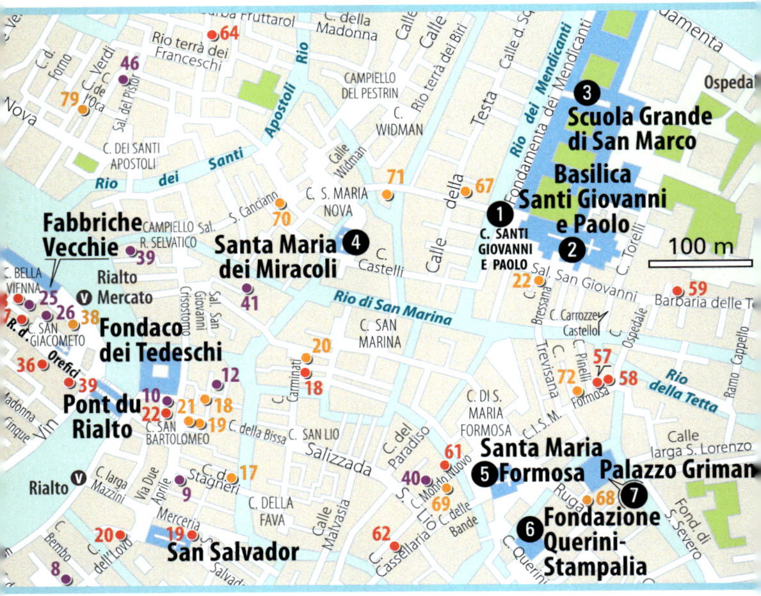

Le *Sestiere* de Castello est un étonnant labyrinthe où vous trouverez de petits autels votifs et croiserez de nombreux chats... Le jour, ses *campi* accueillent des étals de fleurs et de fruits. La nuit, vous arpenterez ce quartier mystérieux où se révèle l'atmosphère magique d'une Venise sombre, particulièrement majestueuse sur sa place principale, le Campo Santa Maria Formosa, avec sa belle église.

❶ CAMPO SANTI GIOVANNI E PAOLO**

Une place qui semble sortie d'une gravure tant les bâtiments qui la bordent sont surprenants ! Entre la façade gothique et austère de l'église Santi Giovani e Paolo et les perspectives de marbre de l'actuel hôpital de Venise, à deux pas des tombeaux des doges, les petits Vénitiens disputent une partie de foot, les gondoles vont et viennent sur le canal, et les parents se retrouvent sous la statue du *condottiere* Bartolomeo Colleoni, juché sur son cheval. En 1475, ce chef de guerre demanda à ce que sa statue soit élevée face à la basilique Saint-Marc, en échange du legs de son immense fortune. Un règlement interdisant de construire devant la basilique, les autorités dressèrent l'œuvre magistrale et fière de Verrocchio face à la Scuola di San Marco... et empochèrent le magot !

❷ BASILICA SANTI GIOVANNI E PAOLO***

La Sérénissime n'a pas lésiné sur les moyens pour édifier et embellir cette église gothique (XIIIe-XIVe s.), panthéon de ses doges. C'est le souffle coupé que l'on pénètre dans San Zanipolo (son nom vénitien), où reposent pas moins de 25 de ces grands puissants qui ont fait Venise. Dans ce musée de sculptures, ne ratez pas les tombeaux des doges Mocenigo (bas-côté droit), Vendramin (chœur) et Marcello (bas-côté gauche), sculptés par Pietro Lombardo. L'intérieur abrite aussi des œuvres de Bellini, Véronèse ou Piazzetta.

Basilica Santi Giovanni e Paolo

L'église

On s'arrête d'abord devant la façade inachevée, où le portail en marbre de Bartolomeo Bon, ajouté en 1462, s'ouvre sur une salle gigantesque. À l'intérieur, plusieurs richesse à découvrir : tombeaux, peintures de Bellini, retable de Lorenzo Lotto, les 3 chapelles, la sacristie dédiée aux dominicains ou le grand vitrail des verreries de Murano !

La nef

Elle est surprenante par sa taille : 100 m de long et 30 m de large ! Elle est si grande qu'elle est soutenue par des poutres voûtées en bois sculpté. Les dimensions de la nef font de cette église l'un des plus grands édifices chrétiens du monde.

La chapelle du Rosaire

De toutes les chapelles de la basilique, c'est incontestablement la plus pimpante ! Au XIXe s.,

Pause au calme : Alla Frasca

Comme sur la place d'un village, sous la pergola où grimpe la vigne, on déjeune ici à l'écart de l'animation du quartier. Peu de couverts et un service au top, assuré par Bruno. En cuisine, Giorgio mixe produits du marché et pêche locale pour une cuisine vénitienne légère et inventive, à base de raviolis de poisson (17 €), cornets de légumes frits et, pour finir en beauté, un succulent *tiramisù* ou un gâteau maison à la pistache (6 €).

● 73 • Cannaregio, 5176 • ☎ 041 241 25 85 • Facebook : @osteriallafrasca • Lun. 19h-23h, mar-dim 12h-14h et 19h-23h.

on a inséré dans son plafond 3 toiles que Véronèse avait peintes (1560) pour qu'on les regarde... d'en bas. Un exercice difficile qui exige un sens aigu de la perspective et du raccourci (accès par le bas-côté gauche).

Campo Santi Giovanni e Paolo • ☎ 041 523 59 13 • www.basilicasantigiovanniepaolo.it • Lun.-sam. 9h-18h, dim. et fêtes 12h-18h ; f. 25 déc. • Entrée : 3,50 €.

❸ SCUOLA GRANDE DI SAN MARCO**

Devenue l'hôpital de Venise, la *scuola* se découvre par une magnifique façade de Pietro Lombardo, décorée de trompe-l'œil et de panneaux en marbre. Au 1er étage, on peut visiter la Sala dell'Albergo, qui était ornée de peintures du Tintoret, de Giovanni et Gentile Bellini et de Palma il Vecchio, aujourd'hui conservées à l'Accademia (p. 53), mais remplacées par de convaincantes reproductions numériques. Le plafond (1495), richement décoré de caissons en bois figurant le lion de saint Marc, est d'origine. Dans les vitrines, une étonnante collection d'appareils anatomiques et de livres de médecine.

Campo Santi Giovanni e Paolo • ☎ 041 529 43 23 • www.scuolagrandesanmarco.it • Mar.-sam. 9h30-17h30 (et 1er dim. de chaque mois) • Visite de la Salla dell'Albergo : mar.-sam. 9h30-17h30 et 1er dim. du mois • Entrée : 2 €.

Santa Maria dei Miracoli

❹ SANTA MARIA DEI MIRACOLI**

Un autre joyau de Pietro Lombardo. La façade de cette église Renaissance ressemble d'ailleurs à une boîte à bijoux, avec ses panneaux en marbre polychrome et ses incrustations colorées. Elle a été construite à la fin du XVe s. pour accueillir la miraculeuse *Madone à l'Enfant* du peintre Nicolò di Pietro.

Campo Santa Maria Nova • ☎ 041 275 04 62 • Lun.-sam. 10h30-16h30 • Entrée : 3 €.

5 SANTA MARIA FORMOSA ET SON *CAMPO*★★

Elle est étonnante, cette jolie église (1492), avec sa double entrée sur un vaste *campo* bordé de terrasses de café. L'intérieur, très clair, abrite une *Vierge de la Miséricorde* (bas-côté droit) de Vivarini, qu'on ne se lasse pas d'admirer. Toutes proches, la Calle Lunga S. M. Formosa et la Calle delle Bande fourmillent de belles boutiques, notamment de fabricants de masques (p. 199-201).

Campo Santa Maria Formosa • ☎ 041 275 04 62 ou ☎ 041 523 46 45 • www.santamariaformosa.it • Lun.-sam. 10h30-16h30 • Entrée : 3 €.

6 FONDAZIONE QUERINI-STAMPALIA★★

La *fondazione* du XVIe s. s'élève sur un *campiello* tarabiscoté où s'emmêlent ponts et canaux. Sa belle collection permettra d'approfondir votre connaissance de Bellini, Tiepolo et Longhi. Une collection classique complétée par des expositions d'art contemporain, comme l'annonce dès l'entrée l'installation lumineuse de Joseph Kosuth sur la façade. De grands architectes ont travaillé à sa restauration, dont le Vénitien Carlo Scarpa à qui l'on doit le rez-de-chaussée, qui joue avec les flux de la marée, et un poétique jardin, caché au cœur du musée.

Campo Santa Maria Formosa, 5252 • ☎ 041 271 14 11 • www.querinistampalia.org • Mar.-dim. 10h-18h ; f. de la billetterie 30 min. avant • Entrée : 14 €.

7 PALAZZO GRIMANI★★

Avec son style romain, ce palais datant de 1569 détonne à Venise. Peu d'œuvres dans cet étrange musée, ancienne demeure de la famille Grimani (ses sculptures romaines ont été transférées au Museo Correr, voir p. 34), mais de belles émotions. Chaque pièce réserve une petite surprise d'agencement, de décoration ou une œuvre spéciale. Levez le nez vers les fresques du plafond de la salle des Feuillages, réalisés par Camillo Mantovano : c'est une débauche de plantes où les animaux se cachent au milieu d'une flore exotique – maïs, tabac... Depuis les fenêtres ou la cour du palais, on s'amuse à contempler le trafic des gondoles, en rêvant à une Venise d'un autre temps.

Ramo Grimani, 4858 • ☎ 041 520 03 45 • www.palazzogrimani.org • Mar.-dim. 10h-19h ; f. lun. • Entrée : 5 € + 1,50 € de frais de résa (prix variable en cas d'expo temporaire).

13 Le Cannaregio, LE GHETTO ET LA CA' D'ORO

● Restos & bistrots p. 141 ● Bars, clubs & sorties p. 170 ● Boutiques p. 201

Traversé par l'artère centrale de la Strada Nova, le quartier de Cannaregio est le plus vaste et le plus habité des *sestiere* de Venise. C'est aussi l'un des plus apaisés, avec ses longues *fondamente* tranquilles où les Vénitiens viennent se promener, à pied ou en barque, le soir venu. À voir : la Ca' d'Oro, sublime palais gothique affaissé, dont l'entrée marine est constamment baignée par les eaux du Grand Canal.

Ghetto Nuovo

❶ GHETTO★★★

C'est à Venise qu'est né le terme tristement célèbre de *ghetto*. En 1516, la ville interdit aux juifs de s'établir hors des îlots qui composent le **Ghetto Vecchio.** Peu de temps après, en 1540, le quartier devient trop étroit ; il s'étend au **Ghetto Nuovo,** autour de la synagogue espagnole. Pour répondre aux besoins d'une population grandissante, les immeubles s'élèvent de façon anormalement haute pour Venise, comptant parfois plus de 5 étages. Napoléon, lorsqu'il arrive à Venise, fait ouvrir les portes du Ghetto. Il y subsiste une atmosphère différente, qu'on ressent sur sa place principale (Campo del Ghetto), entourée de commerces juifs et de restaurants et pâtisseries cashers. On y trouve aussi la plus vieille banque au monde, le **Banco Rosso,** où des visites guidées sont organisées.

Calle del Ghetto Vecchio et Campo Ghetto Nuovo.
Banco Rosso : ☎ 041 740 317 • www.bancorosso.org • Dim.-ven. 10h-18h30 (17h oct.-avr.) • Entrée : 2 €.

❷ MUSEO EBRAICO★★

Difficile d'imaginer, depuis le Campo del Ghetto, que sous les toits des édifices se cachent plusieurs synagogues remontant au XVIe s. ! Pour gagner de l'espace, on aménage en effet plusieurs lieux de prière sous les toits des bâtiments du quartier juif. Lors de la visite du Museo Ebraico, le parcours, guidé, passe à travers les synagogues française, allemande puis espagnole, cette dernière installée dans un bâtiment séparé. Le visiteur est ensuite invité à parcourir les collections du musée (orfèvrerie et superbes tissus des XVIIe et XVIIIe s.).

Campo del Ghetto Nuovo, 2902/B • ☎ 041 71 53 59 • www.museoebraico.it • Dim.-ven. : juin-sept. 10h-19h ; oct.-mai 10h-17h30 ; f. billetterie 30 min. avant • Entrée musée : 8 € ; musée + synagogue : 12 €.

❸ CHIESA DI SANT'ALVISE★★

Grandiose et inattendue ! La façade gothique, à peine décorée d'une porte en pierre d'Istrie, ne laisse rien supposer des merveilles qu'on trouve à l'intérieur de cette église. Élevée en 1388 et consacrée à saint Louis d'Anjou, que les Vénitiens préfèrent surnommer Alvise, l'église garde jalousement ses secrets. Il faut franchir le pas et lever le nez pour contempler son plafond recouvert de fresques du XVIe s, puis laisser courir le regard jusqu'au *barco*, une sorte de mezzanine depuis laquelle les religieuses pouvaient assister à la messe. Enfin, 3 toiles de Tiepolo racontent des épisodes de la Passion du Christ.

Campo Sant'Alvise, 3205 • Lun-sam 10h30-16h30 • Entrée : 3 € (fait partie du pass Chorus, p. 212).

❹ CAMPO DEI MORI★

Ce *campo* poétique en dit long sur le Cannaregio. Sur la *fondamenta*, vous découvrirez la maison du Tintoret (nº 3398), né dans ce quartier. Le *campo* lui-même doit son nom aux statues de « Maures » encastrées dans les maisons. Elles représenteraient les frères Mastelli, des marchands de soie originaires du Levant mais établis en Morée (l'actuel

Pause au bord du canal : Osteria Bea Vita

« La belle vie », à Venise, c'est manger un plat de pâtes ou une viande grillée au bord d'un petit canal, dans un quartier calme. C'est ce que propose ce restaurant à l'atmosphère très authentique. Pas de chichis, simple, bon, familial… bref, on adore !

● 83 • Cannaregio, 3082 • ☎ 041 275 93 47 • Lun-sam 7h20-23h30 • Résa conseillée le soir, surtout le w.-e. • Formule midi fixe : 13 €, plats à la carte le soir : de 15 à 30 €.

Péloponnèse), puis réfugiés à Venise au début du XIIe s. Le chameau en bas-relief que vous voyez sur leur palais, en face de la maison du Tintoret, rappelle leur origine orientale.

❺ CHIESA MADONNA DELL'ORTO★★

Les amateurs du Tintoret ne rateront pour rien au monde cette église (XVe s.) dont les œuvres tapissent le chœur. Situé à deux pas de la maison de l'artiste (Fondamenta dei Mori), l'édifice abrite la tombe du peintre.

Campo Madonna dell'Orto • ☎ 041 719 933 • Lun.-sam. 10h-17h, dim. 12h-17h ; dernière entrée à 16h30 • Entrée : 3 €.

Ca' d'Oro

❻ FONDACO DEGLI ANGELI★

Installée dans un vieux magasin qui a aussi accueilli une école d'artisans durant des décennies, la Fondation Wilmotte n'a pas touché à la structure du bâtiment, restée telle qu'à sa construction, en 1600. La Fondaco degli Angeli, galerie de la fondation, accueille des expositions sur les thèmes de l'urbanisme et de l'architecture.

Fondation Wilmotte, Fondamenta dell'Abbazia, 3560 • ☎ 041 476 11 60 • www.fondationwilmotte.fr • Mar.-dim. 10h-13h30 et 14h-18h • Accès libre.

❼ CHIESA DEI GESUITI ET SON *CAMPO*★★

Avec sa forme allongée qui donne sur la lagune, c'est l'un des *campi* les plus agréables de Venise. Les enfants aiment y jouer pendant que les adultes profitent de l'ombre ou admirent la façade baroque de la Chiesa dei Gesuiti. À l'intérieur, on note une surprenante décoration de marbres verts et blancs ainsi qu'une *Assomption* du Tintoret et un *Martyr de saint Laurent* par Titien. Son beau cloître de brique et de marbre blanc se visite ; un bar y est installé (Combo, p. 173).

Campo dei Gesuiti

Campo dei Gesuiti • ☎ 041 528 65 79 • T.l.j. 10h30-12h30 et 16h-18h (avr.-oct.) ou 15h-17h (nov.-mars) • Entrée : 1 €.

8 CA' D'ORO★★★

S'il ne fallait garder qu'un seul palais du Grand Canal, ce serait celui-là. Bâti au XVe s., il tient son nom de sa façade, jadis couverte de feuilles d'or et d'ultramarin. De ses loggias, la vue sur le Rialto et son marché est éblouissante. Il abrite la collection du baron Franchetti, son bienfaiteur et rénovateur, qui en fit don à la ville. Avec sa collection de peintres toscans et flamands (éblouissant *Santo Stefano* d'Andrea Mantegna !), c'est l'un des musées les plus intéressants de Venise.

Entrée par la Calle Ca' d'Oro • ☎ 041 522 23 49 (et 041 520 03 45 pour les résa) • www.cadoro.org • Lun. 8h15-14h, mar.-dim. 8h15-19h15 ; f. 1er janv., 1er mai et 25 déc. • Entrée : 11 € (avec expo) ; gratuite le 1er dim. de chaque mois.

DES PALAIS les pieds dans l'eau

À partir de contraintes incontournables comme l'absence de voirie sèche, l'omniprésence de l'eau ou la vocation à la fois commerciale et résidentielle des palais, les architectes de la Sérénissime élevèrent des monuments qui s'adaptèrent aussi bien aux modes qu'à l'héritage du passé. C'est cet effort commun, poursuivi des siècles durant, qui fait du Grand Canal la plus belle « rue » du monde.

Ca' d'Oro

Une influence byzantine

Les plus anciens palais de Venise datent du XIIIe s. et sont marqués par l'influence byzantine. Leurs façades se reconnaissent aux portiques à arcatures qui couvrent pratiquement l'ensemble du rez-de-chaussée (on y déchargeait tout le nécessaire, les marchandises, etc.), comme au **Fondaco dei Turchi,** au bord du Grand Canal. La décoration reste discrète, et les ouvertures peu nombreuses pour des raisons défensives.

Un goût pour le somptueux gothique

Au XIVe s., les temps ont changé : Venise est devenue une ville opulente. Les bourgeois enrichis par le commerce ou les grandes familles patriciennes souhaitent des demeures plus confortables et mieux éclairées. La plus somptueuse de toutes, la **Ca' d'Oro,** présente l'ensemble des caractéristiques qui font alors fureur. Sa façade (recouverte d'or à l'origine) s'ouvre largement sur le Grand Canal par des arcs gothiques entrelacés aux allures de ruban de dentelle et par des fenêtres ouvragées qui « accrochent » la lumière. Partout, une fine décoration accentue la forme élancée du palais et rehausse son élégance.

La belle harmonie Renaissance

Monumentalité, symétrie et harmonie sont les maîtres mots de l'architecture à la Renaissance. Les palais du XVIe s., comme le **Palazzo Vendramin-Calergi** (siège du casino d'hiver) ou le **Palazzo Corner,** tous deux bâtis sur le Grand Canal, abandonnent la brique pour le grès. Ils présentent désormais une façade imposante que soulignent des horizontales et des verticales nettement affirmées par un jeu de corniches, de pilastres ou de colonnes au style antique. Les fenêtres s'ouvrent sur des balcons. Elles ont troqué leurs arcatures brisées au profit de l'arc en plein cintre.

Les folies du baroque !

L'esthétique théâtrale baroque triomphe sur le Grand Canal avec la **Ca' Pesaro,** palais édifié par Baldassare Longhena au milieu du XVIIe s (p. 72). À la différence de ses homologues de la Renaissance, l'architecte n'y laisse plus aucune surface dépourvue de décoration. Des guirlandes, des trophées, des figures de monstres ou des bossages en pointes de diamant animent la façade, qui atteint un degré d'opulence inégalé.

L'INTÉRIEUR DES PALAIS ET DES MAISONS

Si les façades, objets de tous les soins, ont évolué et suivi les modes, la structure interne des *palazzi* (les Ca', diminutif de *casa,* « la maison » en vénitien) n'a guère varié au cours des siècles. La **règle des 3 niveaux,** notamment, fut peu ou prou respectée jusqu'au XVIIIe s. Au rez-de-chaussée, accessible par bateau, se trouvaient les magasins et un grand espace central (le *portego*). Le 1er étage (*piano nobile*) était réservé aux bureaux et, dans le cas des grands palais, aux pièces de réception somptueusement décorées. Les familles patriciennes vivaient au 2e étage, le mieux aéré, et les domestiques logeaient dans les combles. Les résidences vénitiennes se regroupaient autour d'une cour qui assurait l'indispensable ventilation. Carrée au Moyen Âge, celle-ci prit une forme rectangulaire à partir de la Renaissance et s'étendit au bord d'un *rio* ou d'une *calle.*

14 Les îles de la Giudecca ET SAN GIORGIO MAGGIORE

● Restos & bistrots p. 144 ● Bars, clubs & sorties p. 175 ● Boutiques p. 202

Depuis les quais de cette île en forme d'apostrophe au sud de Venise, la vue s'étend jusqu'aux maisons colorées des Zattere et sur la place Saint-Marc. On y vient pour trouver le calme au son du clapotis des vagues, tels les patriciens en mal de verdure du XVIe siècle, qui cohabitaient avec les indésirables qu'on y envoyait en exil. Le XIXe siècle l'a dotée d'architectures industrielles et d'entrepôts de brique, aujourd'hui réinvestis par les hôtels et les artistes.

La Giudecca

❶ MOLINO STUCKY*

Cet ancien moulin à blé de style néogothique, reconverti en palace, donne une curieuse note moderne et industrielle à la Giudecca. Il porte le nom de son ancien patron, le Suisse Stucky, assassiné par un de ses employés en 1910. Cet hôtel de luxe ne se visite pas, mais son bar panoramique est ouvert à tous (Skyline Bar, p. 175).

Giudecca, 810 (accès par le quai San Biagio) • www.molinostuckyhilton.it

Comment y aller ?

La ligne de *vaporetto* n° 2 dessert les îles de la Giudecca et de San Giorgio Maggiore. Embarquez à la station S. Zaccaria et arrêtez-vous aux différentes stations qui se trouvent le long des deux îles. Le trajet dure 15-20 min et le *vaporetto* est assez régulier… de jour comme de nuit (p. 207) !

❷ CHIESA DI SANT'EUFEMIA*

Il n'y a que Venise pour offrir des émotions si particulières : depuis la nef de cette petite église, quand la porte est ouverte, on peut voir le canal de la Giudecca et sentir l'air de la lagune au parfum d'iode. Rien que pour cette singularité, entrez dans cette église romane du IXe s. qui n'a rien d'époustouflant si ce n'est sa belle simplicité et son petit jardin adjacent donnant sur un canal secondaire.

Fondamenta del Rio de S. Eufemia, 680 • ☎ 041 522 58 48 • Horaires variables • Entrée libre.

❸ CONVENTO DEI SANTI COSMA E DAMIANO*

Quelle bonne idée que de transformer les salles de cet ancien couvent désaffecté en ateliers pour artistes et artisans ! Dans les cellules qui donnent sur le cloître, souffleurs de verre, sculpteurs et fabricants de bijoux travaillent dans un calme royal. Vous pouvez entrer pour admirer l'architecture ou jeter un œil aux ateliers ouverts. Lorsqu'ils sont là (car chacun a ses propres horaires), les artisans sont généralement heureux de montrer leur travail.

Calle Cosmo, 620 • ☎ 349 395 20 52 • T.l.j. 10h-16h • Entrée libre.

❹ CHIESA DEL REDENTORE**

Cette église est particulièrement chère aux Vénitiens. Elle fut construite au lendemain

Pause sucrée : Panificio Crosara

Cette petite boulangerie-pâtisserie étale dans sa vitrine les pâtisseries typiques de Venise : *conchiglia, zaetti, mandorli, sfogliatine, strudel alle mele* (de 1 à 1,50 €)… Jetez votre dévolu sur l'une de ces petites merveilles et dégustez-la sur le quai, face au canal, en regardant les embarcations défiler. Et ne vous fiez pas aux apparences : les pâtisseries sont petites, mais une seule devrait suffire à vous caler !

● 85 **• Fondamenta Santa Eufemia, 655 • ☎ 041 520 67 37 • Lun.-sam. 7h30-13h30 et 16h30-20h.**

de la grande peste de 1576, qui décima le tiers de la population, en remerciement au Christ Rédempteur. Alors chaque année, le 3e dimanche de juillet, un pont flottant est lancé sur le canal de la Giudecca, qui se couvre de lampions, et Venise est en liesse : c'est la *Festa del Redentore*. L'agencement des formes, imaginé par Palladio, a une beauté pure que l'on admire sous tous les angles. À l'intérieur, toiles du Tintoret, de Véronèse et de Palma le Jeune, entre autres.

Campo del Redentore • ☎ 041 275 04 62 • Lun.-sam. 10h30-16h30 • Entrée : 3 €.

❺ CHIESA DELLE ZITELLE*

Conçue par Palladio et coiffée, comme il se doit, d'une coupole, l'église doit son nom aux jeunes filles sans dot *(zitelle)* du couvent attenant, qui passaient pour des dentellières émérites. Derrière l'église, sur la rive sud de l'île, se trouve l'un des plus grands hôtels de luxe à Venise : le Cipriani, avec sa terrasse ouverte sur la lagune.

Fondamenta delle Zitelle, 32 • ☎ 041 309 66 05 • www.gioiellinascostidivenezia.it • Visite sur r.-v.

❻ CASA DEI TRE OCI**

Cet étrange palais néogothique, élevé par le peintre Marius Pictor au début du XXe s., doit son nom à ses 3 curieuses fenêtres qui scrutent le canal de la Giudecca de leurs grands yeux étonnés. Il accueille des expos photo.

Fondamenta delle Zitelle, 43 • ☎ 041 241 23 32 • www.treoci.org • Mer.-lun. 10h-19h ; f. possible entre 2 expositions • Entrée : 12 €.

San Giorgio Maggiore

Fondazione Giorgio Cini

San Giorgio Maggiore

❼ SAN GIORGIO MAGGIORE★★★

Palladio vous fera, ici aussi, partager toute son admiration pour les formes de la Rome antique. Difficile de résister devant tant de conviction, même si l'intérieur, qui abrite des œuvres importantes du Tintoret (chœur et sacristie), semble un peu froid et écrasant. En haut du Campanile, vous jouirez d'une vue fabuleuse sur la lagune, encore plus belle que celle offerte par le Campanile de la place Saint-Marc.

☎ 041 241 47 17 • T.l.j. 9h-19h (8h30-18h en hiver) • Entrée du campanile (ascenseur) : 6 €.

❽ FONDAZIONE GIORGIO CINI★★

Cette fondation, qui a pour vocation de restaurer et d'animer l'île, occupe l'ancien couvent de l'église et ses cloîtres (cloître des Lauriers et cloître des Cyprès). De temps en temps, il s'y déroule une exposition, une pièce de théâtre ou un concert.

☎ 041 271 02 11 • www.cini.it • T.l.j. 10h-17h (15h en hiver) • Entrée : 13 € • Audioguide en français.

15 L'île de MURANO

● Restos & bistrots p. 145 ● Boutiques p. 108

Avec un canal qui n'a de grand que le nom, des palais presque modestes et seulement quelques églises, Murano ressemble à une sorte de Venise en miniature. La majeure partie de son activité se concentre sur la fabrication du verre.

Comment y aller ?

Les lignes 12, 13, 41, depuis les Fondamente Nove (Cannaregio, plan C2), rejoignent Murano en 10 min. Conseils : optez pour un billet « journée » (20 €), et couplez votre visite avec celle de Burano.

❶ SAN PIETRO MARTIRE★

Certes – on ne va pas exagérer – l'extérieur n'est pas franchement ce que l'on pourrait qualifier d'« inoubliable », mais cette église gothique vaut une visite pour ses nombreuses œuvres d'art qu'éclairent parfois des lustres en verre... de Murano bien sûr ! *Madone* de Bellini, toiles de Véronèse et du Tintoret.

Fondamenta dei Vetrai
• ☎ 041 73 97 04
• T.l.j. 8h30-17h30.

❷ MUSEO DEL VETRO*

Le musée du Verre, installé dans un palais du XVIIe s., offre un éclairage sur l'évolution et les techniques de fabrication du verre de Murano. Vous y verrez les créations des grands maîtres du genre : en premier, lieu celles d'Angelo Barovier (XVe s.). Laissez votre regard errer d'une vitrine à l'autre : les trésors sont nombreux. Vous regarderez ensuite les boutiques de l'île d'un œil plus expert.

Fondamenta Giustinian, 8
• ☎ 041 73 95 86 • www.visitmuve.it
• T.l.j. : avr.-oct. 10h-18h, nov.-mars 10h-17h ; f. de la billetterie 1h avant ; f. 1er janv. et 25 déc. • Entrée : 14 €.

Pause en terrasse : Ai Frati

Un restaurant accueillant tant les touristes que les Vénitiens, qui propose une bonne cuisine locale traditionnelle. Installez-vous en terrasse et commandez un risotto de poisson, des seiches et de la polenta (20 €) : c'est divin !

● 88 • Fondamenta San Venier, 4
• ☎ 041 73 66 94
• www.aifrati.com
• Ven.-mer. 12h-15h.

❸ SANTI MARIA E DONATO***

Rien que pour elle, la visite de Murano s'impose. Cette église, reconstruite au XIIe s. dans un style byzantin, possède une remarquable

Le long du canal à Murano

Santi Maria e Donato

abside – exquise quand elle se reflète dans les eaux du *rio*. À l'intérieur, un tapis de mosaïque en marbre polychrome s'étale sous les pieds des fidèles. Paons, aigles, scènes de chasse y sont figés depuis le XIIe s. En levant les yeux, c'est ensuite l'abside qui émerveille avec sa mosaïque sur fond d'or où figure la Vierge. Grâce à la *maestria* des verriers de l'île, elle se dote d'une luminosité et de couleurs vibrantes qui la rendent resplendissante.

Campo San Donato, 11 • Lun.-sam. 9h-12h et 15h30-19h, dim. 15h30-19h • Accès libre.

❹ SCUOLA DEL VETRO ABATE ZANETTI**

Dans cette école du verre, des démonstrations sont organisées avec un maître verrier, qui explique chaque étape de la fabrication en mettant l'accent sur les caractéristiques

Santi Maria e Donato

Scuola del Vetro Abate Zanetti

physiques et chimiques du verre. En ressortant, vous saurez tout de la manière dont le matériau réagit aux différentes températures et au soufflage ! Les démonstrations durent environ 30 min (1h avec la vidéo).

Calle Briati, 8/B • ☎ 041 273 77 11 • www.abatezanetti.it • Démonstrations : mar. et jeu. à 16h • Entrée : 20 € (résa pour les groupes).

San Michele

❺ CIMITERO SAN MICHELE**

Le bateau pour Murano fait un arrêt sur l'île-cimetière de Venise. Plantée de cyprès, ceinte d'un mur de brique, cette île carrée a mis fin, en 1807, aux cimetières urbains éparpillés dans le centre historique. Le silence qui y règne, souligné par le clapotis des vagues, rend la promenade surprenante. Celle-ci se termine par une vue splendide sur les Fondamente Nove à travers la monumentale porte d'eau. Igor Stravinsky, Serge de Diaghilev, Ezra Pound sont inhumés ici. L'île abrita aussi des prisonniers politiques, dont Silvio Pellico, écrivain patriote. Parmi les figures du monastère de San Michele (fondé en 1212), on trouve le frère Cappellari, qui deviendra le pape Grégoire XVI en 1831.

☎ 041 729 28 11 • T.l.j. : avr.-sept. 7h30-18h, oct.-mars 7h30-16h30 • Accès libre.

Comment y aller ?

Les lignes 4.1 et 4.2 couvrent l'ensemble de la ville et rejoignent San Michele (Cimitero, plan D1).

Le tour des verriers de Venise

La réputation de Murano n'est plus à faire : l'île des souffleurs de verre au savoir-faire séculaire est connue du monde entier. Toutefois, en débarquant sur l'île, vous vous trouvez rapidement devant des vitrines plus kitsch les unes que les autres... Pour esquiver les vendeurs de pacotilles et voir de véritables pièces de design ou des bijoux de créateurs, voici une sélection de boutiques qui valent le détour.

Muriel Balensi

ELLE ELLE MURANO - NASON MORETTI

La plus poétique des vitrines de Murano, avec sa série de verres Soffio suspendus comme des ballons remplis d'eau ! Comptez 82 € pour un mini-Antares, d'un vert de rêve, et entre 240 et 368 € pour la série Idra Set, fruit de la collaboration du designer Stefano Marcato et du verrier Nason Moretti.

● 68 • Fondamenta Manin, 52 • ☎ 041 527 48 66 • www.elleellemurano.com • T.l.j. 10h30-13h et 14h-18h.

VENINI

C'est l'un des verriers qui comptent à Venise. Les plus grands designers ont collaboré avec la marque : Gae Aulenti, Ettore Sottsess, Carlo Scarpa... Le showroom est un petit musée.

● 69 • Fondamenta Vetrai, 050 • ☎ 273 72 04 47 • http://venini.com/it • Lun.-sam. 10h-19h.

ALESSIA FUGA

Il faut la dénicher, cette petite boutique-atelier où travaille Alessia ! Vous la verrez concentrée sur ses perles, tandis que ses créations (bijoux et planètes de verre) sont exposées autour d'elle.

● 70 • Rio Terà San Salvador, 12 • ☎ 346 952 45 00 • www.alessiafuga.com • Lun.-ven. 9h30-17h.

BAROVIER & TOSO

Dans le showroom, sont présentées des œuvres de grands artistes et designers italiens, que vous aurez tout le loisir d'admirer et peut-être même d'acheter...

● 71 • Palazzo Barovier & Toso, Fondamenta Manin, 1/D • ☎ 041 73 90 49 • www.barovier.com • Lun.-sam. 10h-18h (f. août et fin déc.) • À partir de 1 000 €.

MURIEL BALENSI

Française implantée à Murano, Muriel fait des perles comme on raconte une histoire. Demandez-lui de vous montrer son travail ou de vous expliquer les différentes qualités du verre : c'est une experte passionnée qui connaît parfaitement son sujet !

● 72 • Fondamenta Lorenzo Radi, 24 • ☎ 393 474 75 41 87 • Visite sur r.-v. par téléphone.

Venini

Elle Elle Murano - Nason Moretti

LE VERRE de Murano

De la Renaissance aux grandes figures du XXe siècle tels Archimede Seguso, Ermanno Toso, Ercole Barovier ou Paolo Venini, les maîtres verriers de Murano ont toujours développé cet art, qui reste à jamais associé au nom de Venise. Voici une initiation pour en savoir plus sur le célèbre verre de Murano...

Ballons en verre de Murano

Un art bien gardé

La fabrication du verre à Venise débute dès le Xe s., mais elle ne prend son essor qu'avec l'arrivée dans la lagune d'**artisans byzantins,** au lendemain du sac de Constantinople de 1204. Très vite, les doges transfèrent les fours de la confrérie sur l'île de Murano. Officiellement, il s'agit de protéger la ville des incendies. Plus sûrement, la Sérénissime cherche à se préserver de la concurrence. Elle interdit à ses maîtres verriers de communiquer leurs secrets, sous peine de se voir confisquer leurs biens ou d'être passibles de la peine de mort ! Aux XVe et XVIe s., les maîtres verriers inventent des verres colorés et affinent leurs techniques. Ils créent de nouvelles formes de vases, dessinent des lustres et des miroirs. La production vénitienne commencera à montrer des signes de déclin au XVIIe s. devant la concurrence du verre de Bohême, puis devant le succès du cristal au XIXe s.

La composition du verre

Différents ingrédients sont utilisés pour obtenir la matière première vitrifiable à base de sable siliceux ou **silice** (70 % du poids). Le mélange obtenu est porté à 1400 °C, puis la température est abaissée à 1000 °C pour permettre le travail du souffleur. À l'aide d'une canne creuse, le verrier cueille du verre en fusion, puis le place dans un moule afin d'obtenir une boule. Il souffle un bref instant et tourne rapidement la canne de manière à éviter que la boule ne s'étire. Après avoir pincé la base, le verrier souffle une nouvelle fois, puis perce la boule à l'aide d'une pointe. Suit alors le modelage de la forme du verre. Ensuite, le verre est de nouveau chauffé, puis placé dans un four maintenu à plus faible température.

Un artisanat haut de gamme

Les artistes utilisent diverses techniques, d'où les multiples formes et styles de leur production :

Aventurine : verre translucide de couleur brune avec inclusion de cristaux de cuivre très brillants.

***Cristallino* :** verre fabriqué à l'aide de silice et de manganèse qui ressemble à du cristal de roche ; la technique, inventée par Angelo Barovier (1405-1460), fit la gloire du verre de Murano.

***Lattimo* :** verre qui imite la porcelaine et dont l'opacité est due à l'adjonction d'oxyde d'étain ; le terme *lattimo* englobe aussi les verres incolores avec inclusions blanches.

***Millefiori* :** assemblage à froid de différentes pièces de verres colorés afin de créer un dessin ; le tout est fondu pour trouver l'adhérence.

Verre *a ghiaccio* : technique inventée vers 1570 qui consiste à ajouter de l'eau gelée dans la pâte vitrifiée ; ce qui crée un motif ondulant qui donne au verre l'apparence d'une glace (*ghiaccio*) fondue.

Verre au plomb : verre peu onéreux, bien plus tendre que le ***cristallino*** ; il est utilisé pour faire des émaux et les baguettes avec lesquelles sont réalisées les perles de Murano.

Verre filigrané : technique née en 1527 ; des pailles colorées ou émaillées sont incluses dans la pâte de verre incolore.

Verre incisé : verre présentant des motifs (souvent floraux) dessinés à la pointe de diamant.

MURANO : MODE D'EMPLOI

Pour un achat important, le mieux est de ne jamais acheter dans la première boutique venue, sauf coup de cœur ! Une autre précaution : examinez bien le verre, car certains se révèlent parfois de pâles copies venant du Sud-Est asiatique. Redoublez de méfiance si le prix est bas, et soupesez : **un bon verre de Murano doit être lourd et sonner un peu comme le cristal** quand on lui donne une pichenette. Attention enfin : les horaires des boutiques de verrerie sont très variables, surtout à Murano ! En été et pendant le Carnaval, la plupart ouvrent le dimanche et jusque tard en soirée.

16 Les îles de Burano, MAZZORBO ET TORCELLO

● Restos & bistrots p. 145 ● Boutiques p. 203

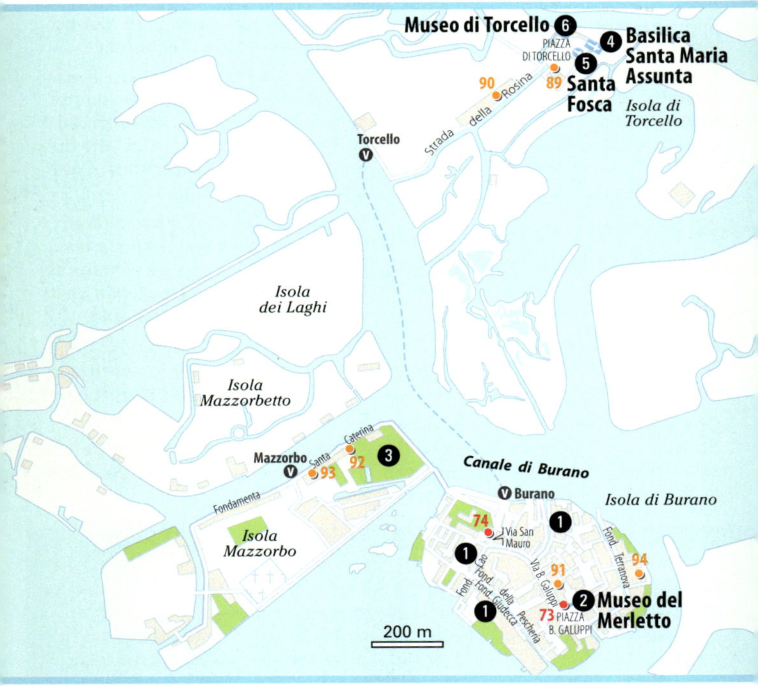

D'un côté, Burano, ses façades colorées et ses petits canaux qui donnent envie de se perdre. De l'autre, reliée à elle par un pont, la belle et paisible Mazzorbo offre son paysage de vignes. En face, Torcello, capitale de la lagune jusqu'au Xe siècle, dévoile ses somptueux vestiges après une petite marche bucolique.

Comment y aller ?

La ligne 12, depuis la Fondamenta Nuova (Cannaregio, plan C2), rejoint Burano en 40 min. Vous pouvez aussi descendre à Mazzorbo, pour profiter de la tranquillité de l'île avant de rejoindre, via un pont, sa voisine Burano. De là, vous pourrez reprendre la ligne 12 pour Torcello (à 5 min). Conseils : optez pour un billet « journée » (20 €) et couplez votre visite avec celle de Murano. De Burano, une autre ligne part au Lido.

Burano

Burano

❶ LES *FONDAMENTE* ET LES MAISONS***

Les pêcheurs peignaient leurs maisons de couleurs vives pour les repérer de loin... Les plus jolis ensembles de ces demeures simples et gaies

La dentelle de Burano

La dentelle de Venise est un tissu de lin à points clairs réalisé à l'aide d'une aiguille *(ad ago)* et non d'un fuseau *(a fuseli)*. Le fond et les fleurs, ou ornements, sont formés par la dentellière sur un patron de papier fixé sur un coussin. La dentelle vénitienne adopte tantôt le point de Burano, tantôt le point de Venise. Le 1er se reconnaît à son fond en mailles carrées et à sa transparence de gaze. Le 2nd présente un fond constitué de brides et de barrettes. Il joue sur les reliefs et permet aux dentellières de réaliser des dessins d'une grande complexité.

ne se trouvent pas là où tout le monde se presse – le long de la rue dédiée à la gloire locale, le compositeur Baldassare Galuppi (1706-1785), dit « Le Buranello » –, mais plutôt au bord des simples *fondamente* (quais) ou des petites *calle*.

❷ MUSEO DEL MERLETTO★★

Musée de la Dentelle

Une visite de ce musée s'impose avant de se jeter dans des achats de dentelle à l'aveuglette. Regardez les pièces de fin d'études de cette école de dentellières : chacun de ces travaux d'orfèvre a demandé des mois d'élaboration. Allez voir ensuite napperons et chemisiers vendus Via Galuppi : la comparaison est cruelle !

Piazza Galuppi, 187 • ☎ 041 73 00 34 • museomerletto.visitmuve.it • Mar.-dim. : avr.-oct. 10h-18h, nov.-mars 10h-17h ; f. billetterie 30 min avant ; f. 1er janv., 1er mai et 25 déc. • Entrée : 5 €.

Pause au bord de l'eau : Da Forner

Sur le quai paisible qui borde le canal sont disposées quelques tables, à l'écart du flot de touristes. Des menus honnêtes et copieux sont proposés en plus de la carte. Un bon choix de poissons en entrée ou en plat principal et les classiques, comme l'escalope milanaise ou les fritures de poisson, font la réputation du lieu.

● 94 • Fondamenta Terranova, 130 • ☎ 041 730 002 • www.daforner.it • Jeu.-mar. 12h-15h • Menus : de 20 à 28 €.

Mazzorbo

❸ DANS LES VIGNES DE VENISE★★

Ceux qui traversent le grand pont de bois reliant l'île de Burano à celle de Mazzorbo sont récompensés par une atmosphère d'un calme absolu, qui contraste avec l'image que l'on connaît de Venise. La vue sur les maisons colorées et le campanile penché de Burano depuis l'autre rive est véritablement enchanteresse. Moins connue que sa voisine, l'île de Mazzorbo offre un paysage champêtre de vignes et de petits quartiers résidentiels. L'architecte Giancarlo de Carlo y a conçu des maisonnettes aux formes douces, peintes dans des couleurs pastel : une belle réinterprétation des maisons de pêcheurs traditionnelles. Au printemps, les vignes du **domaine Venissa** ouvrent au public : c'est l'occasion d'une promenade au milieu des champs semés d'œuvres d'art dont les thèmes changent chaque année.

☎ 041 52 72 281 • info@venissa.it • Mars-nov. visites guidées et dégustations de vin sur résa (payantes) • Entrée gratuite.

Torcello

❹ BASILICA SANTA MARIA ASSUNTA***

Cette église, fondée en 639, a enchanté Hemingway et vous séduira à coup sûr. Ses mosaïques (XIIe-XIIIe s.) sont l'un des témoignages les plus importants de l'art byzantin. Le *Jugement dernier* (mur ouest) décrit avec un plaisir sadique les tourments promis aux damnés. À noter, l'iconostase décorée d'animaux symboliques et la chaire, toutes deux en marbre. Le campanile, à proximité, offre une vue magique sur la lagune.

Piazza di Torcello • ☎ 041 730 119 • T.l.j. : mars-oct. 10h30-18h ; nov.-fév. 10h-17h ; f. de la billetterie 30 min avant • Entrée : 5 €.

❺ SANTA FOSCA*

Contemporaine de la basilique voisine, cette église trapue de style vénéto-byzantin est probablement parmi les plus antiques de la lagune, bien que son apparence actuelle remonte au XIe s. Son plan intérieur octogonal est surmonté d'un dôme circulaire, et la nef, toute simple, habillée de colonnes de marbre. La façade extérieure s'ouvre sur un superbe portique, sous lequel il fait bon se promener.

Piazza di Torcello • T.l.j. 10h30-18h (17h en hiver) • Accès libre.

❻ MUSEO DI TORCELLO*

Ce petit musée caché face à la basilique Santa Maria Assunta réunit de nombreux témoignages sur l'histoire de Torcello et de la lagune : portraits sur plaques dorées, fragments d'architecture et retables d'églises.

Piazza di Torcello • ☎ 041 730 761 • Mar.-dim. 10h30-17h30 (10h-17h en hiver) ; f. de la billetterie 30 min avant • Entrée : 3 €.

Basilica Santa Maria Assunta (à g.) et Santa Fosca (à dr.)

Restos & bistrots

PAR QUARTIER

À SAVOIR

LA CUISINE

Traditionnellement, un menu italien se déroule en 5 étapes : ***antipasti*** (hors-d'œuvre, jambon, soupe), ***primo*** (le premier plat, souvent des pâtes), ***secondo*** (le deuxième plat, généralement viande ou poisson), ***contorni*** (légumes ou salade) et ***dolce*** (dessert). Mais chacun fait selon son appétit et, à part de rares exceptions, il est possible de ne commander qu'un plat !

OÙ MANGER ?

La Sérénissime compte une infinité de restaurants, de cantines, de troquets où manger sur le pouce, ainsi que des adresses gastronomiques. On mange les *pizze* dans les ***pizzerie*** ; les ***trattorie*** et ***osterie*** sont des adresses traditionnelles, entre l'auberge et le bistrot, tandis que les ***ristoranti*** sont, en théorie, plus gastronomiques.

HORAIRES

Les Italiens ne mangent pas tard et Venise ne déroge pas à la règle. Dans les ***bacari*** ou *osterie*, l'équivalent de nos bistrots ou bars à vins, on dîne au comptoir avec un verre de vin avant 22h. On déjeune entre 12h et 15h et on dîne entre 20h et 21h30. En arrivant à 19h30, on est plus sûr d'avoir une place.

BUDGET

Dans une *osteria*, comptez de 20 à 25 €, et au moins le double dans un bon restaurant. Il faut généralement ajouter le couvert (***pane e coperto,*** de 2 à 5 €), le service (12 %) et parfois le pourboire.

UN LABEL POUR SE RÉPÉRER

Devant la prolifération de restaurants de piètre qualité, la ville a mis en place le label **Venice Quality Food,** bleu sur fond blanc. Les restaurants qui l'affichent doivent réunir certains critères : utiliser des produits frais cultivés localement, n'avoir recours à aucun plat préparé industriellement et être les « gardiens de la cuisine vénitienne ».

SE REPÉRER

Chaque adresse de restaurant est associée à une pastille orange numérotée. Vous retrouverez toutes les adresses positionnées sur le plan détachable.

LES COUPS DE CŒUR de notre auteur

2020

Osterie typiques, _pizzerie_ divines ou tables créatives, parmi la centaine d'adresses testées, voici celles que Lucie, notre auteur, a préférées...

ESTRO

Le repaire des buveurs de bons vins et des palais raffinés, qui aiment les produits *slow food.* Surprenante carbonara aux artichauts.

**Voir p. 133,
Autour de la Basilica dei Frari.**

PASTICCERIA MARCHINI

Arrêt obligatoire chaque fois que je passe devant pour un café et une brioche vénitienne. Pendant le Carnaval, les *fritelle* sont à tomber !

Voir p. 125, Du Campo Santo Stefano au Campo San Luca.

Osteria Sepa

Cantina do Spade

ANTICA ADELAIDE

Mon resto préféré pour déguster une friture de poisson dans les règles de l'art : riche, légère, fondante... Un délice !

Voir p. 142, Le Cannaregio, le Ghetto et la Ca' d'Oro.

CODROMA

Un cocon où j'aime me rendre pour l'ambiance chaleureuse et les plats vénitiens exécutés avec *maestria*.

Voir p. 129, Du côté de la Ca' Rezzonico.

CANTINA DO SPADE

Le paradis des *cicchetti*, amuse-bouches de l'apéro vénitien, à accompagner d'un *spritz*.

Voir p. 71, Du pont du Rialto à la Ca' Pesaro.

OSTERIA SEPA

L'adresse ultra-conviviale pour déguster des boulettes de viande, légumes grillés et petites seiches.

Voir p. 126, Les Mercerie.

Antica Adelaide

Al Todaro

LA PLACE SAINT-MARC ET LE PALAIS DES DOGES Quartier 1 - p. 26

AL TODARO

Café ① Plan 18

Un vrai café, sur la place Saint-Marc, avec ses croissants au miel, ses cappuccinos crémeux, ses glaces et quelques sandwichs. Debout au comptoir, les prix n'ont rien d'excessif ; alors on se mêle à la clientèle, un mélange de touristes, de militaires et d'étudiants de la bibliothèque toute proche, pour une pause sur le pouce. Si la terrasse vous tente, sachez que les prix y sont un peu majorés mais que la vue sur le bassin de Saint-Marc compense.

Piazza San Marco, 3 • Ⓥ S. Marco • ☎ 041 528 51 65 • www.al-todaro.it • T.l.j. 8h30-19h30 (20h30 mai-nov.) • Café : 5,50 € en terrasse, 1,10 € au comptoir.

GRANCAFFÈ QUADRI

Café ② Plan 18

Ouvert en 1775, le *Quadri* est l'autre grand café de la place : des salons toujours chics, mais mis au goût du jour par l'intervention de Philippe Stark, qui a demandé aux meilleurs artisans de Venise de réaliser miroirs, tentures de velours, tapis et mobilier adaptés à l'*acqua alta*. Un lieu suspendu entre passé et présent. Tarifs majorés en terrasse et lorsque l'orchestre joue.

Piazza San Marco, 121 • Ⓥ S. Marco • ☎ 041 522 21 05 • www.alajmo.it • T.l.j. 9h-minuit • Expresso : 7,50 €, croissant : 4,50 €.

VOIR AUSSI :

CAFFÈ FLORIAN

p. 31 ③ Plan I8

DU MUSEO CORRER À LA FENICE Quartier 2 - p. 34

ENOTECA SAN MARCO

Traditionnel ④ Plan I8

Au beau milieu de l'hyper-touristique Frezzeria se cache ce petit bijou qui mise sur les produits de saison, avec une carte changeant toutes les 2 semaines. Les cuisiniers sont très créatifs - on les voit à l'œuvre - et apportent autant de soin aux plats les plus élaborés qu'aux simples salades. 350 vins sur la carte, accueil souriant, *coperto* à 4 €. Attention, il vaut mieux réserver, surtout le samedi soir !

Calle Frezzeria, 1610 • Ⓥ Vallaresso • ☎ 041 528 52 42 • www.osteriasanmarco.it • Lun.-sam. 12h30-23h • *Antipasti* et *primi* : à partir de 16 €.

ANTICO MARTINI

Restaurant ⑤ Plan H8

Une cuisine classique et sophistiquée à déguster aux chandelles sur une terrasse au pied de La Fenice. À tester : les gambas au curry et au miel, et l'un des 300 vins de la cave.

Campo Teatro della Fenice, 2007 • Ⓥ Giglio • ☎ 041 522 41 21 • www.anticomartini.com • T.l.j. 11h30-23h30 ; f. janv. • Entrée, plat et dessert : à partir de 80 €.

Enoteca San Marco

Ombra del Leone

OMBRA DEL LEONE

Traditionnel ⑥ Plan I8

Dans un palais du Grand Canal, où siège aujourd'hui la Biennale, cette adresse est une pépite peu connue. Ouvert à tous et plus accessible que les terrasses des hôtels de luxe, le lieu offre une vue sensationnelle sur la basilique de la Salute. Un cadre unique pour savourer spaghettis aux légumes, salade de poulpe ou risotto crémeux, ou encore pour trinquer à l'heure de l'apéro.

Ca' Giustinian, San Marco 1364/A
• Ⓥ Vallaresso • ☎ 041 241 35 19
• T.l.j. 9h-21h • Plat : autour de 18 €.

CAFFÈ CENTRALE

Brasserie ⑦ Plan H8

Vous voudriez dîner léger dans un cadre contemporain ? Essayez le « CC », à deux pas de La Fenice. Même petites, les portions sont très convaincantes : on a testé avec plaisir les *cicchetti veneziani* en amuse-bouches, puis les *liguine* aux tomates cerises et *stracciatella*.

Calle Piscina de Frezzaria, 1659/B
• Ⓥ Rialto ou Vallaresso
• ☎ 041 887 66 42/241 39 62
• www.caffecentralevenezia.com
• T.l.j. 19h-1h • Plat : 18 €.

VOIR AUSSI :

DA CARLA

p. 36 ⑧ Plan I8

DU CAMPO SANTO STEFANO AU CAMPO SAN LUCA Quartier 3 - p. 42

BACARO DA FIORE

Sur le pouce ⑨ Plan G8

Une adresse bien connue de la clientèle un peu *arty* du quartier qui vient y reprendre des forces après une visite d'une galerie ou du palais Grassi. Sur le pouce, faites-vous composer une assiette au comptoir : boulettes de viande, crevettes frites, légumes grillés, petites seiches…

Un régal vénitien à arroser de Prosecco. Pour ceux qui voudraient s'attarder, en salle, on propose une cuisine traditionnelle tout aussi intéressante.

Calle de le Boteghe, 3461 • Ⓥ S. Angelo • ☎ 041 523 53 10 • www.dafiore.it • Mer.-lun. 10h-23h (restauration en salle 12h-14h et 19h-23h) • *Cicchetti* : à partir de 2 € • Carte bancaire non acceptée.

AL VOLTO

Vénitien ⑩ **Plan H7**

Une excellente *enoteca* à deux pas du Grand Canal où vous picorerez des *cicchetti* très frais à l'assiette (sardines, légumes grillés...) ou des micro-sandwichs accompagnés de vins majoritairement italiens. Et si vous voulez déjeuner ou dîner assis, la carte reste vénitienne, avec morue, cigales de mer ou seiches...

Calle Cavalli, 4081 • Ⓥ Rialto • ☎ 041 522 89 45 • T.l.j. 11h-15h et 18h-22h • Plats : de 12 à 16 €, verres de vin : de 1 à 11 €.

ACQUA PAZZA

Restaurant ⑪ **Plan H8**

Les saveurs de l'Italie sont à l'honneur dans ce restaurant incontournable pour amateurs de poissons et fruits de mer (comptez env. 60 €/pers.). Tenue par un Napolitain, cette table propose des plats traditionnels de la région d'Amalfi. Goûtez les *laganelle allo scoglio* (30 €), les *paccheri di gragnano alla granseola* (35 €)... et, en saison, profitez de la belle terrasse. Excellentes *pizze* entre 16 et 20 € environ.

Campo Sant'Angelo, 3808 • Ⓥ S. Angelo • ☎ 041 277 06 88 • www.veniceacquapazza.com • Mar.-dim. 12h-15h et 19h-23h (t.l.j. en été) • Résa conseillée.

TEAMO CAFFÈ & WINE BAR

Sur le pouce ⑫ **Plan H7-8**

Teamo réunit l'art de grignoter à la vénitienne et l'art de vivre contemporain. Sous vitrine, d'excellentes boulettes de viande *(polpette)*, des sandwichs élaborés le midi (jambon fumé et filaments de courgette grillés) et autres *tramezzini* très frais. Également des plats végétariens et vegan. Belle sélection de vins de région à savourer en terrasse.

Calle Rio terrà della Mandola, 3795 • Ⓥ S. Angelo • ☎ 041 528 37 87 • www.teamowinebar.com • Ven.-mer. 8h30-22h30 • De 10 à 15 €.

ROSA ROSSA

Pizzeria ⑬ **Plan H8**

Ici, il faut faire son choix entre une vingtaine de pizzas - dont la star de la maison : la Rosa Rossa - servies dans un cadre agréable, tout en pierres de taille, avec des rayonnages de bouteilles de vin. Les autres plats - *ravioloni, paccheri*, spaghettis aux fruits de mer... - ne s'embarrassent pas de fioriture mais sont plutôt bons, voire très bons comme l'assortiment de légumes grillés

Le top des adresses TRADITIONELLES

On raffole de ces auberges et de ces bistrots où les pâtes se déclinent de mille et une façons et où saveur rime avec chaleur.

AL NONO RISORTO

Une adresse qui met toute la famille d'accord avec *pasta*, pizza et jardin ombragé.

Voir p. 132, Du pont du Rialto à la Ca' Pesaro.

AI PROMESSI SPOSI

Une *osteria* authentique dans une petite ruelle. La spécialité ? Les boulettes de viande : mémorables !

Voir p. 142, Le Cannaregio, le Ghetto et la Ca' d'Oro.

Trattoria Alla Rampa

CICCHETERIA VENEXIANA DA LUCA E FRED

L'un des meilleurs rapports qualité/prix de Venise, dans une ambiance bon enfant, entre *cicchetti* et spaghettis.

Voir p. 144, Le Cannaregio, le Ghetto et la Ca' d'Oro.

DALLA MARISA

Une *osteria* typique au menu fixe le midi, avec 2 plats au choix, toujours vénitiens et délicieux.

Voir p. 144, Le Cannaregio, le Ghetto et la Ca' d'Oro.

TRATTORIA ALLA RAMPA

Quartier ouvrier, ambiance cantine, prix réduits... Une *osteria* à la bonne franquette.

Voir p. 138, De l'Arsenale aux Giardini.

PALANCA

Cuisine du jour servie à fleur de canal sur l'île de la Giudecca... Une formule qui fait mouche !

Voir p. 144, Les îles de la Giudecca et San Giorgio Maggiore.

aux artichauts de Sant'Erasmo. Le seul petit point noir réside dans le service, un tantinet chaotique. Vérifiez bien votre addition : ils ont tendance à se tromper !

Calle della Mandola, 3709
• Ⓥ Rialto • ☎ 041 523 46 05
• T.l.j. 12h-22h sf mer. 18h-22h
• *Ravioloni* : 16,50 €, pizza : de 8,50 à 12,50 € (Rosa Rossa à 19 €).

GELATERIA PAOLIN

Glacier ⑭ **Plan G8**

Une adresse sympathique pour déguster une glace, plus encore pour prendre un petit déjeuner au soleil dans le calme du matin ! À la place du traditionnel café, testez le *gianduiotto con la panna*, une spécialité turinoise à base de chocolat aux noisettes et de café, coiffé d'une montagne de crème fouettée.

Campo Santo Stefano, 2962
• Ⓥ S. Samuele • ☎ 041 522 55 76
• T.l.j. 9h-minuit (9h-20h nov.-mai) ; f. de mi-nov. à mi-fév.
• Glace 1 boule : 1,80 €.

PASTICCERIA MARCHINI ♥

Pâtisserie ⑮ **Plan H7**

Si vous voulez partager un coin de comptoir en marbre avec des habitants du cru, cap sur la *Pasticceria Marchini*. Le café et le *spritz* (3,50 €) coulent à flots dans cette pâtisserie située sur une place tranquille, où l'on déguste aussi des *zaletti* (spécialités aux raisins), des *gondole* et des *golosessi* (biscuits secs de 1,50 à 4 €).

Campo San Luca, 4593
• Ⓥ Rialto • ☎ 041 241 30 87
• T.l.j. 7h30-20h30 (8h-20h30 dim.).

VOIR AUSSI :

AL BACARETO

p. 44 ⑯ **Plan G8**

LES MERCERIE Quartier 4 - p. 48

DA MARIO ALLA FAVA

Osteria ⑰ **Plan I7**

Nappes blanches, bougies, gravures et tableaux anciens… c'est le décor de cette *osteria* où l'on déguste, au rythme du menu qui change 4 fois par an, les spécialités de la lagune. Trois menus gastronomiques complets proposés, dont un entièrement vegan. Très bons desserts, préparés par le chef sous les yeux des clients. Des formules demi-portions (à moitié prix) permettent de goûter plusieurs spécialités. Accueil charmant. Seul bémol : la musique, un peu trop forte.

Calle dei Stagneri, 5242
• Ⓥ Rialto • ☎ 041 528 51 47
• www.ristorantemarioallafava.it
• T.l.j. 12h-14h45 et 19h-22h15
• Repas complet : 70 € ; *gnocchi di patate con rapa rossa* : 16,90 €.

GELATOTECA SUSO

Glacier ⑲ Plan 17

Les parfums originaux font la renommée de ce glacier vénitien, comme le « Manet », par exemple : un chef-d'œuvre de pistache et de *gianduia* sublimé par une pointe de sel... Ou le « Pina Butter », au caramel au beurre salé. Bonne nouvelle : on y trouve aussi des glaces vegan.

Calle della Bissa, 5453 • Ⓥ Rialto • ☎ 348 564 65 45 • T.l.j. 10h-23h30 (minuit sam.-dim., 0h30 en été) • Glace 1 boule : de 1,80 € à 2,20 €.

OSTERIA SEPA ♥

Traditionnel ⑱ Plan 17

De la cuisine ouverte sortent régulièrement de délicieux petits plats qui viennent agrémenter le comptoir de ce tout jeune *bacaro* traditionnel. Car un *bacaro*, à Venise, c'est un petit bar où l'on vient se restaurer des spécialités du moment servies en petites portions, debout, en buvant un verre. Un esprit qui renaît de façon convaincante chez la *Sepa*, traduction de *seiche* en dialecte. À tester sans détours : *il cubo*, une boulette de riz à l'encre de seiche et aux agrumes, et les tentacules de poulpe fondantes. Pour les plus grosses faims, 2 plats du jour sont proposés et changent quotidiennement.

Calle de la Bissa, 5482 • Ⓥ Rialto • ☎ 041 302 63 36 • T.l.j. 10h30-15h et 16h-22h (jusqu'à 23h ven.-dim.) • Plat du jour : de 6 à 7 €.

AL PORTEGO

Sur le pouce ⑳ Plan 16

Un *bacaro* de quartier où boire un verre et grignoter au comptoir ou en salle quelques *cicchetti*, concoctés avec les produits du marché, des tartines et 2 ou 3 plats chauds pour le déjeuner.

Calle Malvasia, San Lio, 6015 • Ⓥ Rialto • ☎ 041 522 90 38 • T.l.j. 11h30-15h et 17h30-22h • De 15 à 30 €, verre de vin : de 1 à 4 €.

ROSTICCERIA SAN BARTOLOMEO

Sur le pouce ㉑ Plan 17

Dans ce restaurant souvent bondé, on voit des tables d'habitués qui chantent et jouent aux cartes et des familles venues pour les *mozzarelle in carozza*, la spécialité de la maison : pain, mozzarella, anchois ou jambon, le tout frit ! Évitez la salle à l'étage : les prix sont majorés et l'ambiance est moins intéressante.

Calle della Bissa, 5424 • Ⓥ Rialto • ☎ 041 522 35 69 • T.l.j. 9h-21h30 • *Mozzarella in carozza* : 2 €.

VOIR AUSSI :

ROSA SALVA

p. 50 ㉒ Plan I7

AUTOUR DES GALLERIE DELL' ACCADEMIA Quartier 5 - p. 52

GELATERIA NICO

Glacier ㉓ Plan B4

Comme il fait bon flâner le long des Zattere, un cornet de glace à la main ! Ici, vous pouvez choisir la formule à emporter (moins chère) ou vous installer en terrasse face au canal de la Giudecca. Dans les deux cas, demandez un ajout de *panna* : elle est délicieuse.

Fondamenta Zattere, 922 • Ⓥ Zattere • ☎ 041 522 52 93 • www.gelaterianico.com • Sam.-dim. 7h30-22h (horaires variables) • Glace : 1,80 € + 0,50 € pour la *panna*.

AI ARTISTI

Vénitien ㉔ Plan G8

Dans une salle minuscule, à l'écart de l'agitation, ce restaurant propose des plats vénitiens (pâtes, risottos, poissons…) à base de produits frais. Les portions sont généreuses et la cuisine est originale. Excellents desserts. Petite terrasse le long du *rio*.

Fondamenta della Toletta, 1169/A • Ⓥ Ca' Rezzonico • ☎ 041 523 89 44 • www.enotecaartisti.com • Mar.-sam. 12h45-14h30 et 19h-21h ou 21h15-23h (2 services) • Plats : de 15 à 30 €, dîner : de 40 à 60 €.

Al Portego

Linea d'Ombra

AGLI ALBORETTI

Vénitien ㉕ **Plan B4**

Ce petit restaurant attire une clientèle de connaisseurs et sert, dans un cadre feutré et très classique ou sur sa terrasse ensoleillée, une carte vénitienne assez élaborée.

Rio Terrà A. Foscarini, 882 • Ⓥ Accademia • ☎ 041 522 99 37 • www.aglialboretti.com • Ven.-mar. 12h-14h30 et 19h-22h30, mer. 12h-14h30 ; f. janv. et 10 j. en août • De 35 à 50 €.

LA RIVISTA

Restaurant ㉖ **Plan B4**

Ce restaurant élégant mise sur la qualité des produits. Le thème de la carte change quasiment à chaque saison, se tournant tour à tour vers les produits de la mer, les fromages...

Rio Terrà A. Foscarini, 979/A • Ⓥ Accademia • ☎ 041 240 14 25 • Mar.-dim. 12h-14h30 et 19h-21h30 • Menu dégustation : 40 € • Sur résa.

VOIR AUSSI :

LO SQUERO

p. 54 ㉗ **Plan B4**

LA POINTE DU DORSODURO Quartier 6 - p. 57

LINEA D'OMBRA

Traditionnel ㉘ **Plan C4**

Pour déjeuner au fil de l'eau, rien de tel que cette terrasse en bois où le regard embrasse tout le canal de la Giudecca. Un panorama si magique qu'on en oublierait presque les plats de la maison, et ce serait regrettable ! Goûtez à la sélection de *crudo* en *antipasto* ou au poisson cuit au four (selon la pêche du jour). Tout est ultra-frais et savoureux. Dommage que le prix des vins soit si... déraisonnable !

Ponte dell'Umiltà, 19 • Ⓥ Salute • ☎ 041 241 18 81 • www.ristorantelineadombra.com • Mer.-lun. 12h-15h et 19h-22h15 (t.l.j. en été) ; f. de fin nov. à mi-mars • Plats : à partir de 23 €.

VOIR AUSSI :

CORNER PUB

p. 58 ㉙ **Plan B4**

DU CÔTÉ DE LA CA' REZZONICO Quartier 7 - p. 62

PREMIATA PASTICCERIA TONOLO

Café ㉚ Plan B3

Une délicieuse odeur de vanille et de chocolat émane du laboratoire. Le matin, prenez un café ou un cappuccino mousseux au comptoir. Et si vous êtes de passage lors du Carnaval, venez goûter les *fritole*.

Calle San Pantalon, 3764 • Ⓥ S. Toma • ☎ 041 523 72 09 • Mar.-sam. 7h45-20h, dim. 7h45-13h ; f. août • Petite pâtisserie : à partir de 1,10 €.

CA' FUJIYAMA

Salon de thé ㉛ Plan B4

Le salon de thé à la japonaise d'Elena Piaggi et son petit jardin sont si paisibles qu'on y resterait des heures devant une tasse de thé *sencha* ou un jus de fruits frais. Une petite restauration à base de produits frais complète cette pause. Si le lieu vous séduit, vous pourrez y dormir ; les propriétaires font aussi bed & breakfast.

Calle Lunga San Barnaba, 2727/A • Ⓥ Ca' Rezzonico • ☎ 041 724 10 42 • www.fujiyama.life • Lun.-ven. 10h-20h, sam. 12h-20h (oct.-déc. dim. 15h-20h) • Thé : à partir de 4 €.

CODROMA ♥

Vénitien ㉜ Plan A4

Dans sa salle boisée, de larges tables accueillent une clientèle d'habitués et de connaisseurs pour déguster une cuisine de saison soignée, avec une pointe d'originalité. Ni prétentieuse ni gastronomique, mais pas banale. Que l'on opte pour une polenta grillée accompagnée de seiches ou pour des spaghettis aux légumes, on se régale !

Fondamenta Briati, 2540 • Ⓥ S. Basilio • ☎ 041 524 67 89 • Mar.-sam. 10h-16h et 18h-23h • Plats : de 14 à 25 €.

AL PROFETA

Pizzeria ㉝ Plan A4

Voilà une trattoria qui collectionne les bons points : une liste impressionnante de *pizze*, énormes, bonnes et pas chères, du pain maison, un vin honnête et une terrasse-patio large et silencieuse.

Calle Lunga San Barnaba, 2671 • Ⓥ Ca' Rezzonico • ☎ 041 523 74 66 • T.l.j. 12h-14h30 et 19h-22h30 • *Pizze* : de 7 à 14 €.

VOIR AUSSI :

OSTERIA AI PUGNI

p. 65 ㉞ Plan B4

Codroma

DU PONT DU RIALTO À LA CA' PESARO Quartier 8 - p. 68

OSTERIA DAI ZEMEI

Osteria (35) Plan H7

Deux frères jumeaux et une passion pour leur *osteria* : chez les Zemei, que vous verrez peut-être derrière le bar, on se régale de tartines au fromage et de bon vin... Les murs sont tapissés de photos de jumeaux envoyées par leurs clients du monde entier. Sympathique et abordable.

Calle del Scaleter, 1045/B • V S. Silvestro • ☎ 041 520 85 96 • Lun.-sam. 8h30-20h30, dim. 8h30-19h • Tartines : de 6 à 10,50 €.

LA ZUCCA

Végétarien (36) Plan G6

C'est un ravissant petit restaurant où l'on goûte, en terrasse l'été, de succulentes pâtes et des plats végétariens. Une adresse loin du tumulte.

Calle del Megio, 1762 • V S. Stae • ☎ 041 524 15 70 • www.lazucca.it • Lun.-sam. 12h30-14h30 et 19h-22h30 • Entrée, plat et dessert : à partir de 30 €.

ALL'ARCO

Sur le pouce (37) Plan H6

Ceux qui se demandent à quoi ressemblaient les traditionnels *bacari* apprécieront *All'Arco*, qui en est un authentique représentant. Dans la tradition vénitienne, les *bacari* préparaient des portions de nourriture bon marché avec les produits disponibles. Donc : petits poulpes entiers à la vapeur, *bacala mantecato*, fromages, sandwichs, crèmes et pâtés. Une foule de petits délices à goûter sans compter.

San Polo, 436 • V Rialto Mercato • ☎ 041 520 56 66 • Lun.-sam. 8h-14h30 • Sandwich : à partir de 3,50 €.

NARANZARIA

Gastronomique (38) Plan H6

Une carte gastronomique, à découvrir en terrasse, sur le Grand Canal (agréable au coucher du soleil). Au menu : des salades inventives (12 €), des charcuteries régionales et, côté poissons, en direct du marché du Rialto voisin, le *baccalà mantecato e polenta* (16 €). L'adresse fait aussi bar, avec une sélection de *cicchetti* et de plus petits prix, mais sans la vue.

Campo San Giacometto, 130 • V Rialto Mercato • ☎ 041 724 10 35 • www.naranzaria.it • T.l.j. 10h-1h (f. lun. nov.-mars) • Repas : de 25 à 45 €.

CANTINA DO MORI

Osteria (39) Plan H6

C'est l'une des *osterie* les plus célèbres de Venise pour déguster toutes sortes de vins de Vénétie qui accompagneront à merveille des *crostini* à la brandade de morue ou aux artichauts, ou encore quelques tartines.

Le top des DES *CICCHETTI*

Le cœur de Venise bat dans ses *bacari*, des adresses sans prétention où l'on prend au comptoir un verre de vin *(ombra)* accompagné de *cicchetti*. La solution parfaite pour un en-cas rapide et économique.

BACARO DA FIORE

Une pause vénitienne rapide et gourmande cachée entre le Campo Santo Stefano et le palais Grassi.

Voir p. 122, Du Campo Santo Stefano au Campo San Luca.

AL VOLTO

Des vins italiens et des *cicchetti* très frais servis à l'assiette à deux pas du Grand Canal.

Voir p. 123, Du Campo Santo Stefano au Campo San Luca.

AL PORTEGO

Des *cicchetti* préparés avec des produits du marché, à accompagner d'un verre de vin.

Voir p. 126, Les Mercerie.

OSTERIA DAI ZEMEI

Double ration de *cicchetti* pour rassasier les appétits à coups de fromage, crèmes et morue en tartinades.

Voir p. 130, Du pont du Rialto à la Ca' Pesaro.

WENICE

Formule *street food* à emporter, avec salades fraîches, fritures, poissons et lasagnes.

Voir p. 132, Du pont du Rialto à la Ca' Pesaro.

ALL'ARCO

Pour un sandwich préparé avec les produits du comptoir ou une assiette de poulpes, œufs à l'anchois, sardine grillée... À grignoter debout, avec une *ombra* à la main.

Voir p. 130, Du pont du Rialto à la Ca' Pesaro.

Bacaro Da Fiore

Calle dei Do Mori, 429 • Ⓥ Rialto Mercato • ☎ 041 522 54 01 • Lun.-sam. 8h-19h30 • Verre de vin : de 3 à 18 €, *crostini* : 2 €.

WENICE

Sur le pouce ㊵ **Plan H6**

De la *street food* préparée avec les produits du marché du Rialto juste en face, c'est une formule de restauration qui manquait à Venise ! Dans un cornet en carton, emportez salades de la mer, riz aux légumes ou portions de friture. Si vous mangez en vous baladant, attention toutefois aux goélands qui ont tendance à être voleurs !
Calle de le Becarie o Panataria, 319 • Ⓥ Rialto Mercato • ☎ 041 822 02 98 • Mar.-dim. 9h-20h • Cornets : de 6 à 9,50 €.

Wenice

IL REFOLO

Pizzeria ㊶ **Plan G6**

Situé au bord d'un *rio*, un peu à l'écart du vaste et paisible Campo San Giacomo dell'Orio, *Il Refolo* propose d'excellentes *pizze*, de petits plateaux de fromages de la région et même des huîtres. Une adresse romantique.
Campiello del Piovan, 1459 • Ⓥ Riva di Biasio ou S. Stae • ☎ 041 524 00 16 • T.l.j. 12h-16h et 18h-22h • *Pizze* : à partir de 10 €, de 25 à 40 € à la carte.

VECIO FRITOLIN

Vénitien ㊷ **Plan G6**

Au XVIIe s., les Vénitiens fréquentaient les *fritolìn* pour y acheter leur dose de poisson frit. Entre les mains d'Irina Freguia, c'est désormais un restaurant gastronomique qui conjugue produits de saison et recettes de la lagune pour proposer une version légère et savoureuse des plats traditionnels vénitiens. Coup de cœur pour l'assortiment de fromages, servi avec différentes compotes (citron confit, artichaut et menthe...), mais la spécialité de la maison est encore le *fritto misto*, délicieusement fin (17 €).
Calle della Regina, 2262 • Ⓥ Rialto Mercato ou S. Stae • ☎ 041 522 28 81 • www.veciofritolin.it • T.l.j. 12h30-14h30 et 19h-22h30 (sf mar. et mer. soir) • Repas : à partir de 45 € (sans le vin).

AL NONO RISORTO

Pizzeria ㊸ **Plan H6**

Un restaurant toujours bondé – on parle des meilleures *pizze* de

Venise -, très agréable pour dîner à l'ombre des glycines, au bord d'un *rio*. À ne pas manquer en saison, le *speck-zucca* (jambon fumé-potiron : 12 €). Le service est variable... comme l'humeur du patron.

Calle della Regina, 2338 • Ⓥ S. Stae • ☎ 041 524 11 69 • Jeu.-mar. 12h-15h et 18h-23h (f. jeu. midi en hiver) • Repas : de 20 à 45 €.

AL PROSECCO

Traditionnel (44) **Plan G6**

Sa terrasse, face aux arbres du *campo*, est très agréable aux beaux jours. Au menu, une belle sélection de fromages, de charcuteries régionales, de viandes et de poissons fumés... Pour accompagner le tout, laissez-vous conseiller ; la cave est impressionnante (verre de vin à partir de 4 €) !

Campo San Giacomo dell'Orio, 1503 • Ⓥ S. Stae ou Riva di Biasio • ☎ 041 524 02 22 • www.alprosecco.com • Lun.-sam. 10h-20h (f. sam. en hiver) • De 18 à 40 €.

VOIR AUSSI :

CANTINA DO SPADE ♥

p. 71 (45) **Plan H6**

AUTOUR DE LA BASILICA DEI FRARI Quartier 9 - p. 74

IMPRONTA CAFÈ

Gastronomique (46) **Plan B3**

Dans le chaleureux quartier qui s'étend entre la Chiesa di San Pantalon et la Basilica dei Frari, l'*Impronta Cafè* se reconnaît à son décor épuré sans être guindé. Le menu est régulièrement réinventé par le chef qui propose une cuisine chatouillant les sens par le mariage du cru, du frit ou du sucré-salé. Pour s'y initier, on adore l'*antipasto Impronta mista*, qui présente une sélection de poissons préparés de diverses façons : gambas ou saumon, frits, en *tempura*, crus... Un régal !

Dorsoduro, 3815 • Ⓥ S. Tomà • ☎ 041 275 03 86 • Restaurant : t.l.j. 12h-15h et 18h-23h • Café : 7h-minuit • Plat de pâtes : à partir de 11 €.

ESTRO ♥

Gastronomique (47) **Plan B3**

Une adresse incontournable pour boire d'excellents vins, dont de nombreuses étiquettes nature, en dégustant une gastronomie mémorable. Les plats, à base de viande ou de poisson, suivent le marché et les saisons et ne manquent pas d'une petite touche de fantaisie. En mai, quand arrivent les artichauts de la lagune, un menu entier leur est dédié, avec des plats originaux comme la carbonara aux artichauts frits. À midi, on trouvera aussi au comptoir quelques *cicchetti* ou des *tramezzini* pour manger sur le pouce en buvant un verre.

Dorsoduro, 3778 • Ⓥ S. Tomà • ☎ 041 476 49 14

• www.estrovenezia.com
• Mer.-lun. 12h-minuit • Menu dégustation : à partir de 36 €, pâtes : autour de 16 €, *secondi* : autour de 25 €.

AE CRAVATE

Traditionnel ⑱ Plan A3

L'expression « tomber la cravate » n'a jamais été aussi vraie : elles pendent par centaines au plafond ! Mais, sous ses allures informelles, cette *osteria* sert une cuisine rigoureuse et fine, de l'assortiment de poissons grillés (25 €) au poisson *in saor* (16 €) ou aux *ravioli alla busera* (18 €).
Salizada San Pantalon, 36-38
• Ⓥ S. Tomà • ☎ 041 528 79 12
• T.l.j. 12h-23h • Repas : de 30 à 40 €.

DA IGNAZIO

Traditionnel ㊾ Plan G7

Une trattoria très agréable pour un dîner décontracté sous la treille. La cuisine est bonne (la carte propose beaucoup de poissons), et le *tiramisù*, fondant à souhait.
Calle dei Saoneri, 2749
• Ⓥ S. Tomà • ☎ 041 523 48 52
• www.trattoriadaignazio.com
• Dim.-ven. 12h-15h et 19h-22h30 ; f. 2 semaines en août
• Repas : de 30 à 55 €.

ACQUA & MAIS

Sur le pouce ㊿ Plan H7

Pour déjeuner sans se ruiner, il y a cet adepte de la *street food* qui est, sans conteste, le meilleur du quartier. Alvise Tiozzo concocte chaque jour une dizaine de spécialités : la salade de poulpe, les *sarde in saor*, les boulettes *(polpette)* de thon… Les ingrédients viennent tout droit du marché. Le tout se mange sur place, debout, ou s'emporte pour pique-niquer un peu plus loin. Sur les bancs du Campo San Polo, par exemple !
Campiello dei Meloni, 1411-1412
• Ⓥ S. Silvestro • ☎ 041 296 05 30
• T.l.j. 9h30-20h • *Polpette* : 1,50 €.

GELATERIA ALASKA

Glacier ㉛ Plan B2

Carlo Pistacchi travaille à partir de produits naturels ; ses parfums de glace suivent les saisons et sont absolument inattendus : fenouil, artichaut, gingembre, carotte, *tiramisù*, pistache, wasabi, cardamome, roquette…

Ae Cravate

Ce passionné sait aussi conseiller ; et, s'il ne vient pas tout de suite à vous, c'est qu'il est juste derrière, dans son laboratoire d'idées, à surveiller ce qui s'y passe. Sa micro-boutique est près de la Chiesa San Giacomo dell'Orio.

Calle larga dei Bari, 1159 • Ⓥ Riva di Biasio • ☎ 041 71 52 11 • T.l.j. 11h-23h (avr.-oct.) et 11h-19h (nov.-mars) • Glace 1 boule : 1,50 €, 2 boules : 2,50 €.

PASTICCERIA RIO MARIN

Pâtisserie ⑤② **Plan B3**

C'est dans un quartier en retrait que se trouve l'une des meilleures pâtisseries de Venise. Pour assister à la préparation des délices de Bianca Balestra et Dario Ruzzene, direction la fabrique, en face de la boutique : la *crostata di marroni* (une douceur aux marrons – 30 € le kilo) et le *tiramisù* sont inoubliables.

Fondamenta Rio Marin, 784 • Ⓥ Riva di Biasio • ☎ 041 718 523 • Lun.-mar. et jeu.-ven. 7h-20h, sam.-dim. 8h-20h.

RIZZARDINI

Pâtisserie ⑤③ **Plan H7**

On trouve dans cet élégant bar-*pasticceria* les douceurs traditionnelles de Venise, à accompagner d'un cappuccino... ou carrément d'un Prosecco (2 €), qui s'accorde à merveille avec le sucré. La fameuse couronne vénitienne *(bussola)*, avec sa pâte sablée, ou les *cestoni di mandorle* (amandes et pâte d'amandes, 4 €) sont plus fins qu'ailleurs. Également quelques *pizzette* pour les becs salés.

Campiello dei Meloni, 1415 • Ⓥ S. Silvestro • ☎ 041 522 38 35 • Mer.-lun. 7h30-20h.

VOIR AUSSI :

BAR AI NOMBOLI

p. 76 ⑤④ **Plan G7**

LA RIVA DEGLI SCHIAVONI ET LE PONT DES SOUPIRS Quartier 10 - p. 78

COVINO

Gastronomique ⑤⑤ **Plan D3**

Le repaire des gourmets à la recherche de nouvelles sensations culinaires. Dans une salle minuscule (33 m² pour 14 couverts), le jeune Andrea Lorenzon réussit le pari de proposer des plats surprenants et de saison, inspirés du quotidien, comme son *ragù di mamma Liviana*. Si le menu change souvent, les exigences restent les mêmes : des produits haut de gamme, comme les crevettes de l'Adriatique ou les pistaches de Bronte, préparées avec classe devant les clients. Les portions sont petites, mais les saveurs vraiment travaillées.

Nos pauses sucrées PRÉFÉRÉES

En vous promenant dans Venise, vous ne pourrez pas les rater : les vitrines des pâtisseries vénitiennes sont irrésistibles ! L'occasion de goûter notamment les spécialités réalisées durant le Carnaval.

ROSA SALVA

Une valeur sûre pour goûter aux biscuits *buranelli*, typiques de l'île de Burano.

Voir p. 50, Les Mercerie.

GELATOTECA SUSO

La pause givrée connue pour ses crèmes glacées furieusement gourmandes.

Voir p. 126, Les Mercerie.

Pasticceria Rio Marin

RIZZARDINI

Excellente adresse, spécialement lors du Carnaval pour ses délicieuses *fritelle*, beignets traditionnels.

Voir p. 135, Autour de la Basilica dei Frari.

PASTICCERIA RIO MARIN

Connue pour son *tiramisù*, cette pâtisserie sert également l'un des meilleurs cafés de Venise.

Voir p. 135, Autour de la Basilica dei Frari.

GELATERIA ALASKA

Les parfums originaux (curcuma, basilic ou gingembre) de ce glacier artisanal font vibrer les papilles.

Voir p. 134, Autour de la Basilica dei Frari.

PASTICCERIA DA BONIFACIO

Croissant au miel, mignardise aux noisettes ou à la pistache… Tout donne envie de craquer !

Voir p. 80, La Riva degli Schiavoni et le pont des Soupirs.

Calle del Pestrin, 3829 • Ⓥ Arsenale • ☎ 041 241 27 05 • www.covinovenezia.com • Jeu.-lun. 12h45-14h30 et 19h-22h30 • Résa indispensable • Menu midi : 27 ou 36 € (1 ou 2 plats + dessert), menu unique le soir : 40 €.

CORTE SCONTA

Traditionnel — 56 **Plan D3**

Une *osteria* chic et branchée. Mobilier en bois ciré, magnifique bar en cuivre, et surtout excellents plats de poisson (les *gnochetti* à l'espadon et les encornets farcis à la Trévise sont parfaits – 18 et 25 €). Par beau temps, les tables sont dressées dans la cour. Le restaurant préféré de Hugo Pratt, le créateur de Corto Maltese !

Calle del Pestrin, 3886 • Ⓥ Arsenale • ☎ 041 522 70 24 • www.cortescontavenezia.it • Mar.-sam. 12h30-14h30 et 19h-21h30 ; f. janv. et de fin juil. à mi-août • Repas : à partir de 60 €.

AL COVO

Traditionnel — 57 **Plan D3**

Le restaurant de Diane, Lorenzo et Cesare Benelli est une valeur sûre depuis 1987. Au menu, des recettes traditionnelles, parfois oubliées et remises au goût du jour, à base de produits du terroir : légumes des vergers de Sant'Erasmo et Vignole, poissons de l'Adriatique à l'huile d'olive, anguille à la poêle *(bisàto in tecia), bìgoli in salsa*… Seule la viande n'est pas vénitienne.

Campiello della Pescheria, 3968 • Ⓥ Arsenale • ☎ 041 522 38 12 • www.ristorantealcovo.com • Ven.-mar. 12h45-14h et 19h30-22h • Repas : 55 €, *coperto* : 5 € • Le soir, tenue correcte exigée • Résa conseillée.

MELA VERDE

Glacier — 58 **Plan D3**

La spécialité de ce glacier, c'est assurément les sorbets : on fond pour les saveurs pomme verte – qui donne son nom à l'enseigne –, fraise, poire ou citron, toutes proposées avec de vrais morceaux de fruits dedans.

Fondamenta dell'Osmarin, 4977/A • Ⓥ S. Zaccaria • ☎ 349 195 79 24 • www.gelateriamelaverde.it • T.l.j. 11h-21h (23h de mai à fin sept.) • Glace : 1 boule 2 €, 2 boules : 3,50 €.

DO LEONI

Vénitien — 59 **Plan D3**

On aime bien la façon dont Louis Indri, le chef, réinterprète les classiques vénitiens et sa manière de réveiller les papilles. Bien sûr, c'est cher comme tous les établissements de la Riva degli Schiavoni (*coperto* à 7 €), mais rien ne vous interdit de ne prendre qu'un thé ou une pâtisserie au *Londra Bar*. Et puis la vue depuis la terrasse est toujours un plaisir.

Londra Palace, Riva degli Schiavoni, 4171 • Ⓥ S. Zaccaria • ☎ 041 520 05 33 • www.londrapalace.com • T.l.j. 12h-15h et 19h-22h30 • Menu : 90 € le soir (menu bistrot le midi).

BACARANDINO

Traditionnel (60) **Plan D3**

Même s'il est excentré et que certains plats sont un chouïa généreux en huile, ce restaurant vaut assurément le déplacement, car le *Bacarandino* a 2 atouts : une terrasse sympathique aux beaux jours et un service non-stop. Comptez 20 € pour un filet de bœuf accompagné de pommes de terre, et 15 € pour une assiette de seiches. Ici, pas de *coperto* mais un service à 12 %.

Calle dei Corazzieri, 3839 • Ⓥ Arsenale • ☎ 041 528 69 96 • www.bacarandino.it • T.l.j. 11h-23h • Pâtes : autour de 14 €.

BIRRERIA FORST

Sur le pouce (61) **Plan D3**

Un petit bar à bières dans l'agréable quartier de Castello, pour se sustenter entre deux musées. Au menu, *tramezzini piccanti* (sandwichs pimentés au pain noir, 3,40 €) et bien d'autres choses bonnes et pas très chères.

Calle de le Rasse, 4540 • Ⓥ S. Zaccaria • ☎ 041 724 12 62 • T.l.j. 9h30-20h.

VOIR AUSSI :

PASTICCERIA DA BONIFACIO

p. 80 (62) **Plan D3**

DE L'ARSENALE AUX GIARDINI Quartier 11 – p. 82

TRATTORIA ALLA RAMPA

Traditionnel (63) **Plan E4**

Une véritable cantine de quartier, ouverte seulement le midi, se cache au fond de ce bar sans prétention. Fréquentée par les ouvriers et les travailleurs de la Biennale, on y sert les classiques (pâtes à l'encre de seiche, *baccalà mantecato*...) et un menu du jour, le tout sans cérémonie et à des prix imbattables. Attention, il y a du monde, donc parfois un peu d'attente !

Fondamenta Sant'Anna 1135 • Ⓥ Arsenale • ☎ 041 528 53 65 • Lun.-sam. 12h-15h • Menu du midi : 13 €.

SALVMERIA

Sur le pouce (64) **Plan E4**

Une adresse dédiée à la cuisine contemporaine version *cicchetti*, pour un repas sur le pouce. Imagination et tradition guident Giorgio, le chef, pour la composition du menu. Sa version du classique *saor*, une sauce aigre-douce, s'allie à la *pancetta* grillée : surprenant ! Mais aussi des influences siciliennes, une polenta au basilic, des desserts faits maison. On adore !

Via Giuseppe Garibaldi, 1769 • Ⓥ Arsenale • ☎ 041 523 39 71 • www.salvmeria.com • Mar.-dim. 11h-23h • Portions : de 2 à 14 €.

Bacarandino

LE SPIGHE

Végétarien (65) Plan E4

Vous faites une overdose de pizzas et de paninis ? Le *Spighe* (« les Épis ») met tout le monde au régime végétarien avec des produits sains, bio, des plats faits maison et sans gluten, à manger sur place - il y a quelques tabourets - ou à emporter.

Via Garibaldi, 1341 • Ⓥ Giardini ou Arsenale • ☎ 041 523 81 73 • Lun.-sam. 10h30-14h30 et 17h30-19h30 ; f. lun. ap.-m. • Plats : de 10 à 15 €, portion à emporter : de 4 à 12 €.

VOIR AUSSI :

CAFFÈ LA SERRA

p. 84 (66) Plan E4

SANTA MARIA FORMOSA ET LA BASILICA SANTI GIOVANNI E PAOLO Quartier 12 - p. 88

ANTICA OSTERIA ARDENGHI

Traditionnel (67) Plan I6

Voilà une adresse comme on les aime : un service impeccable, des prix corrects et des assiettes raffinées. L'apéritif est offert pendant que vous vous penchez sur la carte, hésitant entre les escargots fricassés (20 €), les filets de rouget à la méditerranéenne ou le foie à la vénitienne, entre autres... Sur les murs, des photos de scènes de vie vénitiennes des années 1960, et sur les étagères, quelques ouvrages sur Venise à la disposition des clients.

Calle della Testa, 6369 • Ⓥ Rialto • ☎ 041 241 36 08 • www.anticaosteriaardenghi.it • T.l.j. 12h-22h (cuisines 12h-14h30 et 19h-21h45).

RUGA DI JAFFA

Sur le pouce 68 **Plan D3**

Idéal pour une pause en plein centre. Au comptoir, faites-vous préparer une belle assiette de *cicchetti* : œufs aux anchois, boulettes de viande, petites seiches ou encore… tripes à la vénitienne ! Et si le lieu vous plaît, des tables accueillent les affamés ; on y sert de belles portions de plats typiques comme les pâtes à l'encre de seiche ou aux palourdes.

Ruga Giuffa, 4864 • Ⓥ Rialto • ☎ 041 241 10 62 • T.l.j. 11h30-minuit • *Cicchetti* : à partir de 1 €, pâtes aux palourdes : 16 €.

Un Mondo DiVino

ALLE TESTIERE

Vénitien 69 **Plan I7**

Cette *osteria* est LE temple de la gastronomie vénitienne. Vous la trouverez entre Santa Maria Formosa et San Lio, mais si vous n'avez pas réservé, vos chances d'y dîner sont minces, car l'espace est minuscule (22 m^2). Pourtant, les patrons, Luca et Bruno, y font des miracles. Salade tiède de calamars et cardons, filet de saint-pierre aux artichauts violets de Sant'Erasmo : tout est cuisiné sur place, à partir de produits frais, avec un soin infini.

Calle del Mondo Nuovo, 5801 • Ⓥ Rialto • ☎ 041 522 72 20 • www.osterialletestiere.it • Mar.-sam. 12h30-13h30 et 19h-22h30 • Repas sans vin : 55 €.

UN MONDO DIVINO

Sur le pouce 70 **Plan I6**

Cette *cicchetteria* et *osteria* est très populaire. Et pour cause, c'est vraiment bon et hyper frais : bouchées de saucisses et tomates séchées, de courgettes et feta, de poissons grillés et de boulettes de viande… Le tout à savourer bien évidemment debout. Mais à 1,50 € le *cicchetto*, l'addition grimpe vite ! Moins chers, quelques sandwichs de charcuterie et un menu du Doge à 12,90 € *(cicchetti)*. Belle carte de vins vénètes servis au verre.

Salizzada San Canciano, 5984/A • Ⓥ Ca' d'Oro • ☎ 041 521 10 93 • T.l.j. 10h-23h (juin-août : f. jeu.) • Repas autour de 10 €.

OSTERIA DA ALBERTO

Vénitien (71) Plan I6

Une décoration chargée comme dans une brocante, et surtout une bonne dizaine d'habitués qui défilent au comptoir le temps d'un Prosecco. Mieux vaut s'installer près de l'entrée pour goûter à l'ambiance en dégustant un foie à la vénitienne, des gnocchis ou des spaghettis préparés sur place. Tous les classiques sont présents, ainsi que des tartes et *tiramisù* alléchants pour le dessert !

Calle Larga Giacinto Gallina, 5401 • Ⓥ Rialto • ☎ 041 523 81 53 • www.osteriadaalberto.it • T.l.j. 10h30-15h et 18h30-23h • Repas : env. 35 €.

MASCARETA

Bar à vins (72) Plan D3

Ambiance sélecte dans cette *enoteca* offrant un bon choix de vins et des expositions temporaires.

Calle Lunga S. M. Formosa, 5183 • Ⓥ S. Zaccaria • ☎ 041 523 07 44 • www.ostemaurolorenzon.com • T.l.j. 19h-2h • *Antipasti* et *primi* : 15 €, *secondi* : 22 €.

VOIR AUSSI :

ALLA FRASCA

p. 90 (73) Plan C2

LE CANNAREGIO, LE GHETTO ET LA CA' D'ORO

Quartier 13 - p. 93

AL CICHETO

Bistronomique (74) Plan A2

Amoureux de vins naturels et de fromages, accourez ! Ce tout petit restaurant joue la carte de la bistronomie, avec un menu original où trouver tartare aux agrumes, poitrine de canard et *radicchio di Treviso*, beignets de légumes frits... Le tout parfois accompagné de vins de la lagune, cultivés dans les vignes retrouvées sur les îles de San Michele ou la Giudecca. Pour une pause sur le pouce, son comptoir propose aussi les classiques *cicchetti* à déguster debout ou sur un tabouret.

Calle della Misericordia, 367/A • Ⓥ Ferrovia • ☎ 041 716 037 • www.osteria-al-cicheto.it • Lun.-sam. 12h-14h30 et 17h30-22h30 • Menu : 35 €, 25 € pour 2 plats à la carte.

VINI DA GIGIO

Traditionnel (75) Plan C2

Chez Gigio, il n'y a pas que les vins qui ont la cote : Gigio est aussi membre de l'association de restaurateurs *Buona Accoglienza*, qui perpétue la tradition locale avec des ingrédients triés sur le volet. Sur sa carte figurent d'anciennes saveurs – le filet d'agneau, le *bisàto* (anguille grillée)... – qui devraient séduire les gourmets les plus exigeants. *Coperto* à 3 € et service inclus, réservation indispensable.

Fondamenta San Felice, 3628/A (à l'angle de la Calle della Stua) • Ⓥ Ca' d'Oro • ☎ 041 528 5140 • Mer.-dim. 12h30-14h30 et 19h30-22h30, sam. et dim. service supplémentaire à partir de 21h30 • *Antipasti* : à partir de 18 €, plats de pâtes : 17 €, *secondi* : 24 €.

ORIENTAL EXPERIENCE

Exotique ⑯ **Plan B2**

À deux pas du Ghetto, ce petit restaurant nous entraîne dans un voyage au pays des *Mille et Une Nuits*. Afghanes, perses, iraniennes... les spécialités puisent dans toutes les cultures pour un dépaysement total. Un restaurant d'une grande qualité à prix modéré : rare à Venise !

Rio Terrà Farsetti 1847/B • Ⓥ S. Marcuola • ☎ 041 822 43 37 • T.l.j. 11h-23h30 • Plats : à partir de 10 €.

ANTICA ADELAIDE ♥

Traditionnel ⑰ **Plan H6**

Cette spacieuse *osteria* est appréciée par les Vénitiens, qui viennent grignoter des *cicchetti* au bar en fin de journée ou s'installent pour déguster une cuisine 100 % locale. Pâtes aux fruits de mer, poissons grillés, viandes, polenta... la carte change tous les jours, selon les arrivages et les saisons.

Calle Larga Priuli Racheta, 3728 • Ⓥ Ca' d'Oro ou S. Marcuola • ☎ 041 523 26 29 • T.l.j. 12h30-14h30 et 19h30-22h30 (f. le midi en août) • Repas : de 20 à 40 €.

L'ORTO DEI MORI

Méditerranéen ⑱ **Plan B1**

Ce restaurant de qualité, au décor chaleureux, célèbre la Méditerranée à travers une cuisine du marché et des produits ultra-frais. Goûtez les *pappardelle* saucisse et chicorée ou le *baccalà mantecato*... divin ! Jolie terrasse sur le *campo*.

Fondamenta dei Mori, 3386 • Ⓥ Orto • ☎ 041 524 36 77 • www.osteriaortodeimori.com • Mer.-lun. 12h30-14h30 et 19h-22h30 • De 40 à 60 € à la carte.

AI PROMESSI SPOSI

Traditionnel ⑲ **Plan H6**

Cachée dans une ruelle minuscule, cette *osteria* est une adresse incontournable où déguster palourdes, pâtés de poisson et toutes sortes de bonnes choses, ou bien simplement pour se régaler de *cicchetti* au comptoir à l'heure de l'apéro.

Calle dell'Oca, 4367 • Ⓥ Ca' d'Oro • ☎ 041 241 27 47 • Mar.-dim. 11h30-14h15 et 18h30-22h15, lun. 18h30-23h • *Primi* : de 10 à 13 €, *secondi* : de 15 à 22 €.

BACARO DEL GELATO

Glacier ⑳ **Plan C2**

Le long de la très animée Fondamenta della Misericordia, cette boutique a pris le parti de proposer de bonnes glaces

Nos meilleurs restos DE POISSONS

Pâtes à l'encre de seiche, polenta de crevettes grises, hamburger de thon, morue à la plancha... À Venise, le poisson, tout autant que les pâtes, est roi ! Voici une sélection de nos meilleures adresses...

ACQUA PAZZA

Incontournable ! Plats traditionnels de la côte amalfitaine servis sur une belle terrasse en saison.

Voir p. 123, Du Campo Santo Stefano au Campo San Luca.

CORTE SCONTA

Pour un authentique et savoureux déjeuner à la vénitienne. Goûtez aux squilles : c'est un délice.

Voir p. 137, La Riva degli Schiavoni et le pont des Soupirs.

ALLE TESTIERE

Version gastro, le poisson se retrouve à toutes les sauces, de l'*antipasto* aux *secondi*. Une référence à Venise.

Voir p. 140, Santa Maria Formosa.

OSTERIA BEA VITA

Il y a toujours un poisson du jour qui s'ajoute au menu de cette *osteria* : demandez-le ! Sinon, pâtes aux palourdes fondantes et seiche feront votre bonheur.

Voir p. 95, Le Cannaregio, le Ghetto et la Ca' d'Oro.

PALANCA

Pour déguster le poisson frais du jour au son des vagues lors d'une virée au calme.

Voir p. 144, Les îles de la Giudecca et San Giorgio Maggiore.

DA ROMANO

Un restaurant célèbre avec un choix incomparable de poissons.

Voir p. 146, Les îles de Burano, Mazzorbo et Torcello.

Corte Sconta

à petits prix. Peu de parfums (gage de qualité) et des classiques qui ne déçoivent pas. La maison propose aussi d'emporter sa glace dans une brioche – une tradition gourmande venue de Sicile.

Fondamenta della Misericordia 2499 • Ⓥ S. Alvise • ☎ 347 050 77 37 • T.l.j. 10h-22h • Glaces : de 1,50 à 3,40 €, brioche *con gelato* : 3 €.

CICCHETERIA VENEXIANA DA LUCA E FRED

Osteria ⑧① Plan B2

Cette drôle d'*osteria* ressemble à un chalet de montagne à la déco kitsch. Bonne ambiance et petits prix : ici, on se délecte volontiers de petits *cicchetti* debout. Sur les quelques tables, commandez les pâtes du jour, souvent au poisson – l'un des meilleurs rapports qualité/prix de la ville !

Rio Terà San Leonardo, 1518 • Ⓥ Guglie • ☎ 041 716 170 • Mer-lun. 9h-21h30 • *Cicchetti* : à partir de 1,50 €, pâtes : 9 €, *secondi* : 14 €.

DALLA MARISA

Traditionnel ⑧② Plan A1

Sa notoriété et sa cuisine n'ont pas changé la « Marisa ». Héritière d'une famille de bouchers, elle poursuit la tradition : d'énormes assiettes italiennes (surtout des pâtes) à base de viande (le midi) et de poisson (le soir).

Fondamenta di San Giobbe, 652/B • Ⓥ Tre Archi • ☎ 041 72 02 11 • T.l.j. 12h-14h et 19h30-21h sf. lun., mer. et dim. soir ; f. août • Menu déjeuner : 17 €, menu dîner : autour de 40 € • Résa recommandée.

VOIR AUSSI :

OSTERIA BEA VITA

p. 95 ⑧③ Plan B1

LES ÎLES DE LA GIUDECCA ET SAN GIORGIO MAGGIORE

Quartier 14 - p. 100

PALANCA

Gastronomique ⑧④ Plan B5

Pour laisser couler paisiblement le temps le long de la Fondamenta Sant'Eufemia, on s'installe en terrasse à la *Palanca,* un restaurant tout simple à la vue unique. Au menu : le plat du jour, à base de la pêche du marché, tagliatelles au bar et pistaches, spaghettis aux palourdes... Un moment gastronomique et contemplatif.

Fondamenta Sant'Eufemia, 448 • Ⓥ Palanca • ☎ 041 528 77 19 • Lun.-sam. 7h-21h • Plat de pâtes : 14 €.

VOIR AUSSI :

PANIFICIO CROSARA

p. 101 ⑧⑤ Plan B5

L'ÎLE DE MURANO Quartier 15 - p. 104

AI CACCIATORI

Bar (86) Carte p. 104

Pour ceux qui souhaitent trouver une option simple et économique pour déjeuner ou dîner à Murano, rendez-vous dans ce bar, qui expose un riche comptoir de paninis, *piadine* et *pizzette*. Locaux et touristes confondus y trouvent leur compte autour d'un *spritz*.

Fondamenta dei Vetrai, 69 • Ⓥ Faro • ☎ 339 200 68 34 • T.l.j. 6h-21h • *Pizzette* : 5 €.

AI PIANTALEONI

Poissons (87) Carte p. 104

C'est l'une des bonnes surprises de Murano. On y sert, entre autres, des spaghettis aux fruits de mer. À noter : la jolie terrasse en bois, qui donne sur le canal intérieur de l'île (Canal Grande), est souvent privatisée.

Riva Lunga, 25 • Ⓥ Murano Da Mula • ☎ 041 736 794 • Mar.-dim. 10h-18h (ouv. aussi le lun. en été) • Autour de 30 à 40 €.

Ai Piantaleoni

VOIR AUSSI :

AI FRATI

p. 105 (88) Carte p. 104

LES ÎLES DE BURANO, MAZZORBO ET TORCELLO
Quartier 16 - p. 112

LA LOCANDA CIPRIANI

Traditionnel (89) Carte p. 112

L'autre belle adresse de la lagune avec, côté spécialités : pâtes farcies à la viande, risottos, poissons et fruits de mer. La terrasse borde un jardin absolument charmant.

Piazza Santa Fosca, 29 • Ⓥ Torcello • ☎ 041 73 01 50 • www.locandacipriani.com

• Mer.-lun. 12h-15h, ven.-sam. 19h-21h ; f. en janv.

AL PONTE DEL DIAVOLO

Poissons (90) Carte p. 112

Vous ne pouvez pas la rater : cette auberge romantico-chic avec jardin fleuri et tonnelle borde le seul quai de Torcello. On l'aime pour son cadre relaxant et son service soigné. Ici, on déguste une *mazzancolle e porcini* (20 €), un *lotregano* (16 €) ou la traditionnelle anguille grillée accompagnée de polenta (28 €). Pour le déjeuner du dimanche, n'oubliez pas de réserver !

Fondamenta dei Borgognoni, 10-11 • Ⓥ Torcello • ☎ 041 730 401 • www.osteriaalpontedeldiavolo.com • Mar.-dim. 12h-16h ; f. en hiver • *Primi* : de 16 à 18 €, *secondi* : de 20 à 28 €.

DA ROMANO

Poissons (91) Carte p. 112

L'un des célèbres restaurants de la lagune. Vous y trouverez des soupes, du risotto et des fritures, mais surtout un incomparable choix de poissons (anguille, saint-pierre, queue de lotte, sole, sardine) – tous cuisinés de mille et une manières (grillés, pochés, etc.) et avec un savoir-faire sans égal. Réservation impérative en été et le week-end.

Via San Martino Destro, 221 • Ⓥ Burano • ☎ 041 73 00 30 • www.daromano.it • T.l.j. 12h-15h30 et lun., mer.-sam. 18h30-20h30 (en été) ; f. janv. • À partir de 40 €.

VENISSA

Osteria (92) Carte p. 112

C'est dans l'île un peu sauvage et calme de Mazzorbo que s'est installé ce domaine. Les légumes

Venissa

Da Romano

poussent sous vos yeux, car le restaurant est immergé entre vigne et potager, d'où viennent les produits consommés à table. Deux espaces : un *ristorante*, étoilé et un peu coûteux, et une *osteria contemporanea*, plus abordable. Nous conseillons le 2nd pour tester les tagliatelles au romarin et *ragù* de viande (16 €) ou les seiches à la plancha, servies avec des légumes du jardin (25 €).

Fondamenta Santa Caterina, 3
• Ⓥ Mazzorbo • ☎ 041 527 22 81
• www.venissa.it
• T.l.j. 12h-14h et 19h-21h
• Plats : de 15 à 25 € *(osteria)*.

TRATTORIA ALLA MADDALENA

Poissons ⑨③ **Carte p. 112**

Oasis de paix sur l'île de Mazzorbo, à quelques minutes de la foule de Burano, ce restaurant sert des plats simples inspirés de la cuisine des familles de l'île. Dans le petit jardin ombragé, on peut manger face à la lagune et observer le passage des *vaporetti* avant de repartir explorer les ruelles colorées de l'île. Pour un bon aperçu des spécialités, testez l'*antipasto Alla Maddalena*, généreux et très frais (18 €).

Via Mazzorbo, 7/B • Ⓥ Mazzorbo
• ☎ 041 730 15 10
• www.trattoriamaddalena.com
• Ven.-mer. 12h-15h et 19h-20h (résa conseillée) • Plat de pâtes : de 12 à 14 €.

VOIR AUSSI :

DA FORNER

p. 114 ⑨④ **Carte p. 112**

VIN, SPRITZ et grappa

Les plaisirs de la table ne vont jamais sans un bon vin ! Et la Vénétie a de quoi séduire : la région produit treize DOC (*Denominazione di Origine Controllata* ou vins d'appellation d'origine contrôlée) et une quantité incalculable de vins de pays (IT ou *Indicazione Tipica*) et de vins de table. Appréciez également les *grappas*, ces eaux-de-vie élaborées à partir des meilleurs vins de la région, les liqueurs et le *spritz*, la boisson la plus populaire des bars de Venise. *Salute !*

Vignoble de Mazzorbo

Les grandes régions viticoles

Les vins vénètes représentent 20 % de la production italienne, plaçant la Vénétie parmi les premières régions viticoles, avec le Piémont et la Toscane.

Dans la région de Vérone

Ce sont les « grands crus » de Vénétie, massivement exportés vers l'étranger. Ils proviennent des rives du lac de Garde, au nord-ouest de Vérone.

Le **Bardolino** (localité du sud-est du lac de Garde) prend l'appellation de *chiaretto* (rosé) ou de *classico* (rouge). Frais, il accompagne viandes et fromages à merveille. Le **Soave classico** est un vin blanc agréable au palais, assez charpenté, qui se marie bien avec les viandes blanches et les poissons bouillis. Le **Valpolicella** est un rouge corsé. Il peut être bu frais ou à température ambiante. Il existe sous 2 formes : Valpolicella classico et, mieux, Valpolicella superiore.

La région produit 3 autres appellations contrôlées à découvrir : le **Bianco du Custoza,** un vin blanc qui se boit frais à table ou à l'apéritif ; le **Gambellara,** un vin sec (blanc ou rouge) et léger en bouche ; le **Val d'Adige** (rouge, rosé ou blanc), produit sur les rives de l'Adige.

Dans la région de Trévise

Le meilleur est le **Prosecco,** vin *spumante* (brut, sec ou demi-sec) que produisent les vignes de Conegliano ou de Valdobbiadene, au nord de Trévise. Les Vénitiens le boivent à l'apéritif, et les amateurs ne jurent que par celui de Cartizze, le plus riche en saveur. À noter que le Prosecco existe aussi sous forme de vin blanc classique et de vin *frizzante*.

D'autres appellations possèdent le label DOC : le **Colli di Conegliano** (vin blanc ou rouge agréable au palais et charpenté) ; le **Montello e Colli Asolani** (blanc, rouge ou *spumante* avec un léger goût d'amande) ; enfin le **Piave** (blanc ou rouge – c'est le moins goûteux).

Lexique des vins

Passito : vin doux naturel ;
amabile : demi-sec ;
secco : sec ; ***bianco :*** blanc ;
rosato : rosé ; ***Rosso :*** rouge ;
spumante : mousseux ;
frizzante : légèrement pétillant ;
classico : qualité standard ;
superiore : qualité supérieure.

La grappa

L'eau-de-vie de marc ou ***grappa*** (environ 40°) est produite dans toute l'Italie du Nord. Une goutte dans un café (demandez un *corretto*) vous donnera un petit coup de fouet ! En Vénétie, la meilleure *grappa* est obtenue à partir de Prosecco ou de Valpolicella. La plus fameuse est la Nardini.

Apéritifs et digestifs

Le ***spritz*** est l'apéritif vénitien typique (voir encadré ci-dessous). Goûtez aussi au fameux Campari, au Cynar (très amer, à base d'artichaut) ou au Crodino (sans alcool). Les grandes liqueurs se nomment **Amaretto** (au goût d'amande, titrant 24 à 28°, elle est fabriquée à partir de noyaux d'abricots) et **Amari** (liqueur amère titrant environ 45°, élaborée à partir d'écorces et de racines diverses).

UN *SPRITZ* À L'APÉRO

Vous n'y couperez pas ! Le nom n'est pas italien, car ce sont les Autrichiens qui ont inventé le cocktail lorsqu'ils occupaient la région, au début du XIXe s. L'histoire dit que les soldats, supportant mal le titrage des vins blancs locaux, ont décidé d'allonger le breuvage avec de l'eau gazeuse (*spritzen* signifie « arroser » en autrichien). De quoi le *spritz* est-il fait ? De vin blanc, d'eau de Seltz, de Campari ou d'Aperol, plus doux (ou de Select), et d'une olive verte ou d'une rondelle d'orange. Le tout est un peu traître... mais à Venise on ne conduit pas !

LA GASTRONOMIE vénitienne

Divine, ludique, créative, la palette des saveurs vénitiennes est large et généreuse ! L'Orient lui a apporté ses épices, la région a fait le reste. Vous dégusterez, entre deux *cicchetti* gourmands, des pâtes, des poissons et, bien sûr, la fameuse polenta !

Osteria Sepa

Saine et métissée

Les écrivains, Goldoni et Casanova en tête, ont évoqué la cuisine vénitienne, faisant allusion à son côté oriental, à ses saveurs épicées et aigres-douces *(all'agro)*. L'huile d'olive, l'oignon, le riz, les amandes, les pignons de pin ou les fruits secs, et les produits maraîchers (petits pois, haricots, asperges, artichauts, courgettes, etc.) la rendent particulièrement saine.

La délicieuse polenta

Cette galette de farine de maïs passée au gril, de couleur jaune, et plus rarement blanche, est l'accompagnement roi de nombreux plats vénitiens (la brandade de morue en particulier – *baccalà mantecato*).

Les spécialités vénitiennes

Entrées

Zuppa di pesce : soupe de poisson parfumée au safran.

Fiori di zucchini : beignets de fleurs de courgettes, fourrés de pâté d'anchois.

Risi e bisi : plat à base de riz et de petits pois (parfois avec du lard parfumé).

Risotto alle seppie : riz à l'encre de seiche.

Pâtes

Pappardelle col radicchio : larges pâtes à la chicorée rouge de Trévise grillées avec oignons et ail.

Bigoli in salsa : sortes de gros spaghettis à la farine complète cuisinés avec une sauce aux oignons et aux anchois.

Spaghetti ai carciofi : spaghettis aux artichauts.

Viandes et poissons

Fegato alla veneziana : foie de veau sur un lit d'oignons.

Fritto misto : friture de divers poissons.

Anguilla in umido : anguille à la sauce tomate, au vin blanc et à l'ail.

Baccalà mantecato : brandade de morue parfois relevée de persil et d'olives.

Seppie in tecia : seiches au vin blanc, à la tomate et au basilic.

Légumes

Fagioli in saor : gros haricots marinés.

Melanzane in saor : aubergines marinées.

In saor : cette marinade, à base de vinaigre de vin blanc, d'oignons, de pignons et de raisins secs, accompagne les légumes et les poissons (les fameuses *sarde* ou *sardines in saor*).

Les petites douceurs

Amaretti : petits gâteaux moelleux au sucre et aux amandes à déguster avec le café.

Baute : chocolats colorés que l'on trouve un peu partout dans la ville.

Croccantini : nougats que l'on déguste avec un vin doux.

Essi buranelli : biscuits secs aux œufs, en forme de S (en forme d'anneau, ils prennent le nom de *bussolai buranelli*).

Fritelle : beignets chauds aux raisins de Corinthe servis pendant le Carnaval, parfois farcis de crème, de *zabaione* ou de chocolat.

Galani : petits gâteaux frits et saupoudrés de sucre ; typiques du Carnaval, ils sont parfois aussi appelés *crostoli*.

Zaeti : petits pains de farine de maïs saupoudrés de sucre glace.

L'ART DES *CICCHETTI*

Ils sont comparables aux *tapas* espagnoles, et c'est une institution dans les *bacari* ou *enoteche* ! Tous les Vénitiens grignotent ces *cicchetti* (prononcez « tchikéti ») debout, avec en main une *ombra* (un verre de vin de la maison, blanc généralement, vendu à petit prix) ou un *spritz*. Boulettes de viande, de thon, de poulpe, de morue, de sardine, d'artichaut, d'asperge, d'aubergine grillée... sont servies sur un *crostino* (pain grillé), dans un *tramezzino* (sandwich au pain de mie) ou sur une petite assiette. C'est convivial, toujours frais et idéal pour les petits budgets.

Bars, clubs & sorties

PAR QUARTIER

À SAVOIR

US ET COUTUMES DES VÉNITIENS

À Venise, on sort tôt ! À partir de 17h-18h les bars s'animent ; c'est l'heure idéale pour prendre un verre ou quelques *cicchetti*. Vers 19h-20h, c'est la ***passeggiata***, une balade digestive qu'aiment s'offrir les Vénitiens. L'affluence culmine en fin de semaine sur le Grand Canal, où canots Riva, barques et bateaux se retrouvent ! Enfin, chaque *campo* a ses fidèles : San Luca, le Rialto et les alentours de la Basilica dei Frari sont les préférés des plus jeunes et des trentenaires ; le plus vivant est le Campo Santa Margherita, prisé des étudiants ; le Campo Santo Stefano, lui, est plus sélect...

SE DÉPLACER LA NUIT

Le Grand Canal est féerique la nuit. Le *vaporetto* n° 1 l'emprunte toutes les 10 min jusqu'à minuit, heure à partir de laquelle la ligne N (pour « Nocturne ») relie la gare, la place Saint-Marc et le Lido. Mais sachez que marcher dans Venise la nuit est non seulement un enchantement, mais aussi très sûr (voir p. 171).

BUDGET

Comptez entre 15 et 35 € pour les concerts et les opéras. Pour assister à un opéra à La Fenice, il vous en coûtera de 50 à 80 €. Les concerts dans les églises sont souvent peu chers et même parfois gratuits, notamment les concerts d'orgue à la Basilica Santa Maria della Salute (lun.-ven. et dim. 15h30, www.basilicasalutevenezia.it).

DEMANDER LE PROGRAMME

Le mensuel gratuit ***Un Ospite di Venezia*** (www.unospitedivenezia.it) est disponible partout. En italien et en anglais, il vous informera sur les expositions, les concerts et les différents modes de transport. Les programmes de cinéma et de théâtre sont dans les quotidiens ***Il Gazzettino*** et ***La Nuova di Venezia.*** Pensez aussi à consulter les sites Internet de ces journaux (www.ilgazzettino.it et https://nuovavenezia.gelocal.it/venezia).

SE REPÉRER

Chaque adresse de lieu de sortie est associée à une pastille violette numérotée. Vous retrouverez toutes les adresses positionnées sur le plan détachable.

LES COUPS DE CŒUR de notre auteur

2020

Comme les Vénitiens, Lucie, notre auteur, a ses cafés, *bacari* et bars favoris pour chaque heure de la journée. De celle du *ristretto* à celle du *spritz,* elle les a toutes notées ici !

VENICE JAZZ CLUB

Entre swing et bossa-nova, un chouette club.

Voir p. 162, Du côté de la Ca' Rezzonico.

COMBO

Siroter un *spritz* enfoncé dans l'un des canapés du cloître aux Orangers : une façon idéale de terminer la journée.

Voir p. 173, Le Cannaregio, le Ghetto et la Ca' d'Oro.

TAVERNA AL REMER

Au clair de lune, le bistrot le plus sympa du Grand Canal.

Voir p. 169, Santa Maria Formosa et la Basilica Santi Giovanni e Paolo

Basegò

Il Mercante

BASEGÒ

Allier ambiance jeune et familiale à une sélection de vins au top, c'est une formule qui marche pour ce bar convivial !

Voir p. 166, Autour de la Basilica dei Frari.

IL MERCANTE

Un écrin à l'ambiance feutrée pour les amoureux de cocktails originaux aux saveurs épicées et exotiques.

Voir p. 166, Autour de la Basilica dei Frari.

AL TIMON

Sur la *fondamenta* la plus animée de Cannaregio, on prend l'*aperitivo* sur une barque amarrée au quai.

Voir p. 173, Le Cannaregio, le Ghetto et la Ca' d'Oro.

Al Timon

Longhi

DU MUSEO CORRER À LA FENICE Quartier 2 - p. 34

IL CARAVELLINO

Bar ① **Plan H8**

Le bar de l'hôtel Saturnia a fait les beaux jours des noctambules dans les années 1950 sous le nom de *Ciro's Piano-Bar*. C'était un tout petit club aux murs lambrissés que Simone de Beauvoir et Jean-Paul Sartre, entre autres, fréquentaient assidûment. Et voilà qu'il a rouvert ses portes avec quelques tables seulement, une bande-son tantôt jazzy, tantôt disco et 2 barmen plutôt doués, Fabrizio et Olga, qui préparent toutes sortes de cocktails derrière un comptoir en bois.

Hotel Saturnia, Calle Larga XXII Marzo, 2398 • Ⓥ Giglio • ☎ 041 520 83 77 • www.hotelsaturnia.it • T.l.j. 8h30-minuit • Cocktails : de 8 à 18 €.

HARRY'S BAR

Bar ② **Plan I8**

Le *Harry's Bar* est encore un mythe qui fascine, pas tant pour son luxe, car il n'a rien d'excessivement fastueux, mais plutôt pour ce qu'il incarne : le café des artistes à Venise, la table refuge d'Hemingway ou de Peggy Guggenheim. S'asseoir à leur table a un prix, mais ceux que la note du restaurant effraierait peuvent

se consoler avec un cocktail. Un must : le *bellini* (jus de pêche et Prosecco, 22 €) à déguster accompagné de *pierini*, des mini-croque-monsieur (5 €).
Calle Vallaresso, 1323 • Ⓥ S. Marco • ☎ 041 528 57 77 • cipriani.com • T.l.j. 10h30-23h.

TAVERNA LA FENICE

Bar ③ **Plan H8**

Ce restaurant bien connu des mélomanes – il est situé derrière le théâtre La Fenice – a la bonne idée, dès les beaux jours, de coloniser la petite place située juste en face pour y aligner de gros fauteuils en cuir bien moelleux. Résultat : ce bar en plein air improvisé et convivial ne désemplit pas ! En leurs temps, Pavarotti, Deneuve, Belmondo ou Mastroianni le prenaient d'assaut après leur spectacle. Pour 11 €, vous aurez droit à un Zombie (rhum, ananas, noix de coco, citron vert, marasquin et grenadine), servi avec le sourire.
Campiello Marinoni o della Fenice, 1939 • Ⓥ Rialto ou Vallaresso • ☎ 041 522 38 56 • T.l.j. 12h-0h30 • Verre de Prosecco : 6 €.

LONGHI

Bar ④ **Plan H8**

Si vous aimez le « vieux style », courez au Gritti ! Ce palace a un bar de rêve au décor raffiné, tapissé de miroirs, d'appliques en cristal de Murano et de stucs dessinant au plafond de délicates arabesques roses et vert pâle. Selon le romancier anglais Somerset Maugham, « il y a peu de choses plus agréables à faire dans la vie que de s'y asseoir lorsque le soleil se couche ». Lui-même y revenait chaque année, toujours au même guéridon, devant une bouteille de Soave dans un seau à glace. Mais rassurez-vous : même si vous ne prenez qu'une simple camomille, vous serez servi avec la même attention, en complet blanc et nœud pap'.
Gritti Palace, Campo Santa Maria del Giglio, 2467 • Ⓥ Giglio • ☎ 041 79 46 11 • T.l.j. 11h-1h • Thé oriental : 16 €.

TEATRO LA FENICE

Théâtre ⑤ **Plan H8**

Reconstruit à l'identique et inauguré fin 2003 (voir p. 38), ce théâtre de 1126 places évoque encore le film de Visconti *Senso* (1954), dont certaines scènes furent tournées là. C'est en partie grâce à ce dernier que La Fenice a pu être reconstruite dans ses couleurs d'origine. Les amateurs d'art lyrique réserveront impérativement une soirée dans ce théâtre, où les plus grands chanteurs du monde se sont produits.
Campo San Fantin, 1965 • Ⓥ Giglio • ☎ 041 78 65 11 (théâtre) ou 041 78 66 72 (visites guidées) • www.teatrolafenice.it • T.l.j. 9h30-17h (horaires variables, vérifier sur le site) • Billetterie sur place • Visite : 11 € avec audioguide.

TARNOWSKA'S

Bar ⑥ **Plan H8**

Dans un registre moins « rococo » que le *Longhi*, il y a, tout près du Campo Santa Maria del Giglio, un bar américain avec fauteuils clubs, sol en marbre et tables rouges. L'ambiance est feutrée, la clientèle cosmopolite : on s'y arrête pour un *last shot*, un Talisker 10 ans d'âge (10 €) ou un Mojito Tarnowska à base de rhum ambré, jus de lime et menthe.

Ponte Duodo o Barbarigo, 2497 • Ⓥ Giglio • ☎ 041 520 83 33 • T.l.j. 17h-minuit (f. lun. de mi-juil. à mi-août) • Cocktail : 12 €.

DU CAMPO SANTO STEFANO AU CAMPO SAN LUCA

Quartier 3 - p. 42

BLACKJACK BAR

Bar ⑦ **Plan H7**

Si vous tombez par hasard sur ce petit bar du Campo San Luca arrêtez-vous sans faute ! Accoudé au comptoir circulaire ou sur un tonneau, en terrasse, l'ambiance est décontractée et sympathique, les petits espaces favorisant les échanges et la conversation. Une façon très vénitienne de se retrouver et de discuter avec tout le monde à l'heure de l'apéro.

Campo San Luca, 4267 • Ⓥ Rialto • ☎ 041 522 25 18 • Lun.-sam. 7h-21h • *Spritz* : 7 €, verre de vin : de 8 à 16 €.

TEATRO CARLO GOLDONI

Théâtre ⑧ **Plan H7**

Sans doute le plus intéressant théâtre de la ville. Vous y verrez peut-être des pièces de Carlo Goldoni, mais aussi du répertoire contemporain, voire des comédies musicales. Saison de novembre à juin.

Calle del Teatro o de la Commedia, 4650/B • Ⓥ Rialto • ☎ 041 240 20 11 (théâtre) • www.teatrostabileveneto.it • Mar.-sam. 10h-18h30 • Résa au ☎ 041 240 20 14 (mar.-sam. 10h-13h et 15h-18h30).

LES MERCERIE Quartier 4 - p. 48

DEVIL'S FOREST

Pub ⑨ **Plan I7**

À deux pas du Rialto, un pub sympathique et animé qui offre un bon choix de bières à la pression et de sandwichs pour un petit creux de fin de soirée. Vous trouverez votre chemin en prenant la ruelle à droite du Disney Store.

Calle degli Stagneri, 5185 Ⓥ Rialto • ☎ 041 520 06 23 • www.devilsforestpub.com • T.l.j. 11h-minuit.

Osteria All'Alba

OSTERIA ALL' ALBA

Osteria ⑩ **Plan I7**

Les murs de ce local minuscule, situé dans une ruelle à deux pas du Rialto, portent les inscriptions des visiteurs du monde entier qui viennent y boire un verre, un *tramezzino* à la main. Pas de tables, juste un petit comptoir derrière lequel sont préparés les traditionnels cocktails italiens comme le *negroni*, le *bellini* ou plus simplement le *spritz*.

Ramo del Fontego dei Tedeschi, 5378 • V Rialto • Juin-juil. : t.l.j. 12h-minuit ; août-mai : lun.-jeu. 16h-minuit, ven.-dim. 12h-minuit • Cocktail : 7€.

LE BISTROT DE VENISE

Taverne ⑪ **Plan I7**

N'hésitez pas à vous rendre dans ce bistrot devenu un lieu de rencontre des artistes vénitiens ! Vous pourrez assister, par exemple, à des lectures de poésie. La cuisine est traditionnelle, et la carte des vins excellente. Autre avantage de l'établissement : il permet de dîner tard !

Calle dei Fabbri, 4685 • V Vallaresso ou Rialto • ☎ 041 523 66 51 • www.bistrotdevenise.com • T.l.j. 11h-minuit ; restaurant : t.l.j. 12h-15h et 19h-minuit • Dîner : de 70 à 100 €.

BACCARANDO IN CORTE DELL'ORSO

Bar ⑫ **Plan I7**

C'est en passant sous une arche étroite que l'on arrive dans ce bar vénitien, plutôt vaste, où sont régulièrement organisés des concerts. On s'y retrouve en grandes tablées ou autour d'un tonneau pour trinquer au Prosecco ou au *spritz*. Si vous êtes affamé, dégustez des *cicchetti* au comptoir ou installez-vous dans la salle à l'étage, qui propose une formule « restauration ».

Corte del'Orso, 5495 • V Rialto • ☎ 041 523 82 80 • www.bacarando.com • T.l.j. 11h-minuit • *Spritz* : 2,50 €.

Les meilleurs bars POUR NOCTAMBULES

Les nuits vénitiennes sont connues pour leur tranquillité : c'est d'ailleurs ce qui fait leur magie ! Voici toutefois quelques bars où se regroupent les plus couche-tard des Vénitiens. Mais ne vous faites pas d'illusion : s'ils s'attardent au-delà de 22h, il est rare de trouver porte ouverte après 1h...

LONGHI

Un décor exceptionnel pour ce bar installé dans un palace : miroirs, appliques en cristal, stucs au plafond... Pour une pause avec style.

Voir p. 157, Du Museo Correr à La Fenice.

CAFFÈ NOIR

Envie d'un dernier verre ? Direction ce bar très prisé des étudiants et de la jeunesse vénitienne !

Voir p. 162, Du côté de la Ca' Rezzonico.

Chet Bar

BACCARANDO IN CORTE DELL'ORSO

Un repaire nocturne vraiment décontracté avec ses canapés, ses grandes tablées et sa profusion de coins tranquilles pour se poser.

Voir p. 159, Les Mercerie.

CHET BAR

Les barmen rivalisent d'inventivité pour préparer des cocktails très créatifs dans une ambiance assurément festive.

Voir p. 162, Du côté de la Ca' Rezzonico.

OSTERIA DA FILO

Concerts, ambiance jeune, déco vintage : l'un des bars les plus cool de Venise pour un *aperitivo* qui joue les prolongations.

Voir p. 167, Autour de la Basilica dei Frari.

AUTOUR DES GALLERIE DELL' ACCADEMIA Quartier 5 - p. 52

GIÀ SCHIAVI

Bar à vins ⑬ **Plan B4**

Pas toujours simple d'accéder au comptoir ! C'est en général ce qui fait le charme des *bacari* aux heures de pointe. Le soir, la clientèle déborde sur l'étroite Fondamenta Nani dans un chaleureux brouhaha. Vous pourrez aussi simplement y passer pour acheter une bonne bouteille de vin.

Fondamenta Nani, 992 • Ⓥ Zattere • ☎ 041 523 00 34 • www.cantinaschiavi.com • Lun.-sam. 8h-20h30 • Verre de vin : à partir de 1 €.

AL SQUERO

Bar ⑭ **Plan B4**

Siroter un verre, grignoter un *cicchetto* tout en admirant le chantier naval où sont réparées les gondoles, ça vous dit ? Ajoutez la belle lumière du soleil couchant pour le romantisme, et ce bar, nommé d'après le Squero San Trovaso qui lui fait face, devient la meilleure adresse du quartier !

Fondamenta Nani, 943 • Ⓥ Zattere • ☎ 335 600 75 13 • www.osteriaalsquero.wordpress.com • Jeu.-mar. 11h-21h30 • *Cicchetto* : 1 €.

LA POINTE DU DORSODURO Quartier 6 - p. 57

ANTINOO'S

Bar ⑮ **Plan C4**

Depuis que le Palazzo Genovese s'est métamorphosé en hôtel 5-étoiles, sa loggia est devenue le spot idéal pour prendre un dernier *bellini* (17 €) face au Grand Canal. Bien sûr, comme ça commence à se savoir, il est difficile, certains soirs, de dénicher une table au bord de l'eau. Vous pouvez toutefois opter pour le bar à l'intérieur. On peut aussi y picorer un *tiramisù* ou une salade de fruits. Mais attention : l'addition grimpe très très vite !

Centurion Palace, Campo San Gregorio, 173 • Ⓥ Salute • ☎ 041 34 281 • www.sinahotels.com • T.l.j. jusqu'à 1h • Verre de Prosecco : 12 €.

DU CÔTÉ DE LA CA' REZZONICO Quartier 7 - p. 62

ORANGE

Bar ⑯ **Plan B4**

C'est le plus connu de tous les bars du *campo*. C'est aussi le plus spacieux : en plus des tables alignées sur le *campo* et du bar orange (cela va de soi), il dispose d'une terrasse à l'étage, réservée aux dîners ou aux soirées à thème,

Caffè Noir

et d'un jardin intérieur, où l'on vient en bande fêter son diplôme ou enterrer sa vie de garçon... Bref, l'*Orange*, aux heures de pointe, c'est un peu l'usine !
Campo Santa Margherita, 3054 • Ⓥ Ca' Rezzonico • ☎ 041 523 47 40 • T.l.j. jusqu'à 2h • Cocktail sans alcool : 5 €.

VENICE JAZZ CLUB ♥

Jazz club ⑰ **Plan B4**

Pour les amateurs de jazz, c'est ici et nulle part ailleurs que ça se passe ! Bossa-nova et jazz latino, airs cultes du label Blue Note Records ou jazz plus expérimental, des formations de qualité venues de Venise et de toute sa région revisitent les grands standards du genre et apportent une touche de modernité bienvenue. Clientèle cosmopolite, cadre chaleureux, ambiance *ad hoc*.
Fondamenta del Squero, 3102, près du Ponte dei Pugni • Ⓥ Ca' Rezzonico • ☎ 041 523 20 56 • www.venicejazzclub.com • Bar : t.l.j. 19h-23h • Concerts : lun.-mer. et ven.-sam. 21h-23h ; f. jeu., dim. et en août • Concert, table et conso : 20 €.

CAFFÈ NOIR

Bar ⑱ **Plan B3**

Toute la jeunesse noctambule de Venise aime s'encanailler dans ce bar au décor épuré et à la musique rock. On sirote un *spritz* (2,50 €) ou un verre de Prosecco en début de soirée, un cocktail (de 6 à 7 €) quand la nuit avance, le tout éventuellement accompagné de *pizzette* ou de paninis (de 3 à 5 €).
Calle San Pantalon, 3805 • Ⓥ S. Tomà • T.l.j. 11h-2h.

IMAGINA

Bar ⑲ **Plan B4**

On y boit, on y mange, on y parle. L'un des rares lieux fréquentés par les artistes et les *fashionistas*. Expositions d'artistes sur les murs. Petite terrasse agréable en été.
Rio terrà Canal, 3126 • Ⓥ Ca' Rezzonico • ☎ 041 241 06 25 • www.imaginacafe.it • Lun.-jeu. 7h-21h, ven.-sam. 7h-1h, dim. 8h-21h • Cocktail : de 3,50 à 8 €, verre de vin : de 2,50 à 4,50 €.

CHET BAR

Bar ⑳ **Plan B3**

Envie de sortir des sentiers battus ? Essayez ce bar d'étudiants à l'orée du Campo Santa Margherita : il est moins grand que l'*Orange* (p. 161), mais ses 3 barmen – Alessandro, Mattia et Nicolò – débordent d'enthousiasme et de créativité. Du *Basilico* (gin Hendrick's, basilic et rose) au *Old Fashioned*, un mélange toujours différent, ils proposent une palanquée de cocktails inventifs et ils organisent, entre autres, des Mojito-parties durant l'été. Excellente ambiance, surtout à l'heure de l'apéro, où l'on se presse pour *stuzzicare* - grignoter d'alléchants amuse-gueules - avec un verre de *spritz*.

Calle della Chiesa, 3684
• Ⓥ Ca' Rezzonico • ☎ 320 703 95 33
• FB @chetcocktailbar • T.l.j. 17h-2h
• Verre de vin : 2 €, cocktail du mois : de 5 à 8 €.

SKILLÀ BAR

Bar ㉑ **Plan B3**

Vous avez déjà testé l'*Orange* (p. 161) ? Le *Chet Bar* est bondé (p. 162) ? Essayez le *Skillà* ! Essentiellement fréquenté par les étudiants de la fac (la Ca' Foscari est à deux pas), il n'a que quelques places à l'intérieur. De sorte qu'ici on boit surtout debout

Chet Bar

ou assis à même le pavé. Ils ont une bande-son plutôt bonne et – ce qui ne gâte rien – un petit assortiment de paninis et de donuts. Le lieu organise aussi des fêtes, au moment du Carnaval, l'été ou à la rentrée avec réductions pour les étudiants Erasmus.

Campo Santa Margherita, 2996
• Ⓥ Ca' Rezzonico • ☎ 349 457 67 39
• Mer.-lun. 8h-minuit • *Spritz* : 3 €.

OSTERIA ALLA BIFORA

Osteria ㉒ **Plan A4**

Cette grande taverne, avec ses tables en bois massif, ses vieilles gamelles en cuivre et sa rutilante machine rouge à couper la charcuterie sur le comptoir, joue la carte de la simplicité. Un alléchant plateau de fromages (8 €) et de charcuteries (22 €) accompagne parfaitement l'apéritif. Si vous souhaitez manger sur place, la maison propose des carpaccios de viande ou de poisson (15 €). Quelques tables en terrasse donnent sur la place Santa Margherita ,mais sont généralement prises d'assaut.

Campo S. Margherita, 2930
• Ⓥ Ca' Rezzonico • ☎ 041 523 61 19
• T.l.j. 12h-2h.

CAFFÈ ROSSO

Café ㉓ **Plan A3-4**

Sur une place tranquille, un délicieux café chargé d'histoire au décor 1900, doté d'un vieux percolateur encore en état de marche, et d'une grande terrasse agréable aux beaux jours... *Il Caffè Rosso* est un lieu incontournable de rendez-vous pour faire une pause en journée, ou pour boire un verre en soirée et profiter d'une ambiance animée et festive (mais pas uniquement étudiante).

Campo Santa Margherita, 2963 • Ⓥ Ca' Rezzonico • ☎ 041 528 79 98 • www.cafferosso.it • Lun.-sam. 7h-1h • *Spritz* comptoir : 3 €, terrasse : 3,50 €.

DU PONT DU RIALTO À LA CA' PESARO Quartier 8 - p. 68

RUGA RIALTO

Osteria ㉔ Plan H7

Ruga Rialto est à la fois une *osteria*, un *bacaro*, un bar du soir et un lieu d'exposition où tout le monde se croise dans la joie et la bonne humeur. Une bonne adresse où faire étape avant de repartir en direction du Campo Santa Margherita.

Ruga Vecchia, 692 • Ⓥ Rialto • ☎ 041 521 12 43 • Lun.-sam. 11h-14h30 et 18h-1h (cuisine 22h30), dim. 11h-14h30 et 18h-22h • Verre : de 1 à 4 €.

AL MERCÀ

Bar ㉕ Plan H6

Est-ce le plus petit bar de Venise, et celui qui aurait la plus grande terrasse ? *Al Mercà* ne désemplit pas à l'heure de l'apéro. Tout le monde est debout, Prosecco ou *ombra* en main, sur ce *campo* stratégique en début de soirée, puisque c'est là qu'on est à peu près sûr de se retrouver. Excellents vins vénitiens, du Frioul et du Haut-Adige, bonnes tartes salées et *cicchetti*.

Campo Bella Vienna, 213, Erbaria • Ⓥ Rialto Mercato • ☎ 346 834 06 60 • Lun.-sam. 10h-14h30 et 18h-21h • Verre : à partir de 2 €.

BANCOGIRO

Osteria ㉖ Plan H6

Entre le marché du Rialto et le Grand Canal, vous pouvez faire une halte à l'*osteria Bancogiro*, située sous les arcades des Fabbriche Vecchie. Une cuisine de marché et de bons verres à déguster en soirée, dehors.

Campo San Giacometto, 122 • Ⓥ Rialto • ☎ 041 523 20 61 • www.osteriabancogiro.it • Mar.-dim. 12h30-minuit • Verre de vin : de 3,50 à 8 €.

AUTOUR DE LA BASILICA DEI FRARI Quartier 9 - p. 74

LA BOTTIGLIA

Bar à vins ㉗ Plan G7

Un angle de rue au pied du pont de San Stin, en bord de canal : un petit bout de Venise idéal. Au comptoir de *La Bottiglia* ou sur sa terrasse, on se détend autour d'un verre de rouge ou de blanc venus de toute la péninsule.

Notre sélection DE BARS MUSICAUX

Concerts de jazz, pianos-bars, DJ sets, dancefloors où se trémousser... À chaque lieu ses envies.

Venice Jazz Club

VENICE JAZZ CLUB

Des groupes de jazz de Vénétie revisitent les grands standards du genre dans une ambiance chaleureuse.

Voir p. 162, Du côté de la Ca' Rezzonico.

LAGUNA LIBRE

Les notes de jazz ou de *world music* résonnent plusieurs fois par semaine dans ce vaste bar-resto culturel.

Voir p. 174, Le Cannaregio, le Ghetto et la Ca' d'Oro.

PARADISO PERDUTO

Le lundi, une scène est installée entre les tables. Tout le monde danse, mange et boit dans une atmosphère parfois survoltée, sur une musique folk, rock ou jazz.

Voir p. 170, Le Cannaregio, le Ghetto et la Ca' d'Oro.

OSTERIA ALL'ALBA

Le bar est tout petit, et pourtant des concerts rock y sont régulièrement organisés, avec le public qui se presse jusque dans la rue.

Voir p. 159, Les Mercerie.

ORIENTAL BAR

Le vendredi soir, le paisible jardin du Metropole Hotel se réveille pour accueillir des DJ tendance.

Voir p. 167, La Riva degli Schiavoni et le pont des Soupirs.

Demandez conseil afin de vous laisser guider à la découverte des crus italiens. Pour les petites faims, on peut se faire confectionner un sandwich, rempli de délicieux jambons et charcuteries.

Campo San Stin, 2537 • Ⓥ S. Tomà • ☎ 041 476 24 26 • T.l.j. 10h-22h30 • Verre de vin : de 3 à 8 €, sandwich : 6 €.

ADAGIO CAFFÈ AND WINE BAR

Bar à vins **㉘ Plan G7**

Tranquille, ce petit bar à vins situé derrière l'église des Frari l'est assurément. Avec sa banquette et ses quelques tables en terrasse, il est aussi minuscule que chaleureux. Alors on prend le rythme *adagio* pour se laisser porter par l'atmosphère en sirotant vin ou bière. En journée, c'est aussi le refuge parfait pour un café et une douceur.

Calle del Scaleter, 3028 • Ⓥ S. Tomà • ☎ 339 502 76 19 • T.l.j. 8h-23h • Verre : à partir de 3 €.

PALAZZETTO BRU ZANE

Musique classique **㉙ Plan G6-7**

À deux pas de la Scuola San Giovanni Evangelista, la Fondation Bru a restauré en 2007 ce casino du XVIIe s., joliment décoré de stucs et de fresques de Sebastiano Ricci, pour le rendre à sa vocation première : la musique. Des concertistes de haut vol y sont invités, chaque saison, autour d'un thème différent, mais la tendance de fond reste la même : la musique romantique du XIXe s.

Campiello del Forner o del Marangon, 2368 • Ⓥ San Tomà • ☎ 041 52 11 005 • www.bru-zane.com • Billetterie ouv. lun.-ven. 14h30-17h30 et 1h avant le début du concert, visites guidées gratuites en français jeu. à 15h (30 min.) • Plein tarif : de 15 à 20 €.

BASEGÒ ♥

Bar à vins **㉚ Plan G7**

Une foule de *cicchetti* au comptoir, vins et *spritz* pour accompagner, une déco moderne et colorée, une grande vitrine à travers laquelle observer la vie sur le Campo San Tomà... Au fond, sur une table à hauteur de *bambino*, les plus petits peuvent s'installer pour dessiner ou écrire leur carnet de voyage. Ambiance très conviviale.

Calle del Scaleter, 2863 • Ⓥ S. Tomà • ☎ 041 850 02 99 • T.l.j. 11h-22h30 • Verre : à partir de 2 €.

IL MERCANTE ♥

Bar à cocktails **㉛ Plan G7**

Dans un écrin élégamment restauré face à l'église des Frari, ce bar est l'une des meilleures adresses pour boire des cocktails. Chaque année, la carte propose un thème différent inspiré par la route des épices ou les contrées exotiques, avec autant de cocktails que d'invitations au voyage. Ses 2 salles, au rez-de-chaussée ou à l'étage, sont le cadre idéal pour embarquer vers des contrées lointaines...

Fondamenta dei Frari, 2564 • Ⓥ S. Tomà • ☎ 041 476 73 05 • www.ilmercantevenezia.com • Mar.-jeu. 18h-1h, ven.-dim. 18h-2h (19h-2h l'été) • Cocktail : de 7 à 11 €.

OSTERIA DA FILO

Bar ㉜ **Plan G6**

La foule qui s'y rassemble chaque mercredi soir pour les concerts ne se trompe pas : bonne musique, jolie déco, boissons au juste prix, l'*Osteria da Filo* a tout pour plaire. Anciennement appelée la « *Poppa* », on s'y sent comme à la maison, enfoncé dans les profonds canapés vintage.
Calle del Tintor, 1539 • Ⓥ S. Tomà • ☎ 041 524 65 54 • Lun.-ven. 16h-23h et sam.-dim. 11h-23h • *Spritz* : 2,50 €, verre de vin : à partir de 1 €.

LA RIVA DEGLI SCHIAVONI ET LE PONT DES SOUPIRS Quartier 10 - p. 78

ORIENTAL BAR

Bar ㉝ **Plan D3**

À l'arrière du restaurant *Met*, haut lieu de gastronomie, un bar oriental a pris ses quartiers dans le paisible jardin du Metropole Hotel. On peut y boire un verre toute la journée aux beaux jours ou un thé, mais ce havre de paix et de verdure s'anime aussi les vendredis soir au son de DJ tendance (smooth jazz et tubes électro).
Metropole Hotel, Riva degli Schiavoni, 4149 • Ⓥ S. Zaccaria • ☎ 041 520 50 44 • www.hotelmetropole.com • T.l.j. 11h-1h • Verre de vin : de 14 à 18 €, cocktail : 16 €.

Oriental Bar

BACARO RISORTO

Bar à vins ㉞ **Plan D3**

On dit que « boire une *ombra* (un verre de vin) avec un *cicchetto* dans un *bacaro* » fait partie des 101 choses qu'il faut absolument faire au moins une fois dans sa vie à Venise. Donc, si votre chemin passe par San Zaccaria, cela vaut la peine de vous arrêter au *Risorto*, car ce bar sans prétention offre, à l'heure du *spritz* ou de l'*ombra*, une belle tranche de « vénitianité » et pratique des prix abordables. Attention : après 21h, il ne reste plus grand-chose à grignoter ! Juste le vin au verre que l'on pose sur le tonneau ou que l'on sirote debout dans la nuit…

Campo San Provolo, 4700 • Ⓥ S. Zaccaria • ☎ 340 301 70 47 • T.l.j. 7h30-2h • *Cicchetto* et vin : 5 €, Panini : 3 €.

MAGNA, BEVI, TASI

Bar ㉟ **Plan D3**

Sens de l'humour requis : « Mange, bois et tais-toi », voilà pour le nom du bar ! À l'intérieur ou sur la minuscule terrasse, une foule bigarrée de touristes, d'étudiants et même de religieuses se presse pour boire une bonne bière, manger un sandwich ou déguster un *spritz*. Petits prix et convivialité au programme !

Campo Santi Filippo e Giacomo, 4520 • Ⓥ S. Zaccaria • ☎ 041 822 32 56 • T.l.j. 8h-minuit • *Spritz* : 4,50 €, *cicchetto* : 2 €.

DANDOLO

Bar ㊱ **Plan D3**

Certes, les consommations ne sont pas données, mais pour ce prix-là vous aurez droit à un décor prodigieux dans le plus mythique des hôtels de Venise, le Danieli, encore hanté par le souvenir de George Sand, F. Scott Fitzgerald et Greta Garbo. Ne vous laissez pas intimider par le portier à l'entrée, tournez à gauche et installez-vous confortablement dans l'un des fauteuils damassés de jaune près des colonnes en marbre : vous êtes en vacances et vous l'avez bien mérité ! Seule recommandation : une tenue correcte est exigée.

Hotel Danieli, Riva degli Schiavoni, 4196 • Ⓥ S. Zaccaria • ☎ 041 522 64 80 • the-luxury-collection.marriott.com/hotel-directory • Bar jusqu'à 1h • Cocktails : de 16 à 22 €.

SANTA MARIA DELLA PIETÀ

Musique classique ㊲ **Plan D3**

L'un des grands lieux musicaux de Venise, attaché au souvenir de Vivaldi (le compositeur a été maître de la chapelle du même nom jusqu'en 1740), accueille de nombreux concerts de musique vénitienne du XVIIIe s. : on y retrouve Albinoni, Galuppi, Marcello… Si les grands ensembles classiques y jouent pendant votre séjour – Il Giardino Armonico ou l'Europa Galante notamment –, courez vite acheter un billet.

Riva degli Schiavoni • Ⓥ S. Zaccaria • ☎ 366 403 97 53 • www.chiesavivaldi.it • Billets et résa sur place • Billet : 25 €.

DE L'ARSENALE AUX GIARDINI Quartier 11 - p. 82

EL REFOLO

Bar (38) Plan E4

Le soir venu, la Via Garibaldi s'anime d'une vie surprenante pour ce quartier excentré de Venise, si calme durant la journée. À l'heure de l'*aperitivo*, tout le monde est en terrasse au *Refolo* pour un *spritz* à l'Aperol ou au Cynar, une liqueur d'artichaut à la couleur ambrée qui donne une boisson plus amère. Les éternels *cicchetti* rassasient les affamés tandis que jeunes du quartier, travailleurs de la Biennale et touristes se mélangent sur la terrasse.

Via Giuseppe Garibaldi, 1581 • Ⓥ Arsenale • www.elrefolo.it • Mar.-dim. 12h-0h30 • Verre : à partir de 4 €.

SANTA MARIA FORMOSA ET LA BASILICA SANTI GIOVANNI E PAOLO Quartier 12 - p. 88

TAVERNA AL REMER ♥

Taverne (39) Plan H6

Ces anciens entrepôts ont été restaurés, et c'est le meilleur spot la nuit pour prendre un *spritz* en face du Grand Canal. La pause s'impose ici à la tombée de la nuit, avant de faire *il giro dei bacari*, autrement dit « le tour des *bacari* » à Venise. Et vous pouvez grignoter si le cœur vous en dit.

Campiello Remer, 5701 • Ⓥ Rialto • ☎ 041 522 87 89 • www.alremer.it • T.l.j. 12h-14h30 et 17h30-minuit • *Happy hour* 17h30-19h30.

Taverna Al Remer

INISHARK

Pub (40) Plan I7

Un pub chaleureux, aussi sombre que patiné, et très... *irish*, où se retrouvent expats, touristes en mal de rock et fans de foot ou de rugby bien sûr (les soirs de grands matchs, les consos sont majorées de 1 € pour aider le patron à payer son abonnement TV). Pour info, le vieux proverbe en gaélique inscrit sur le mur *(Is túisce deoch ná scéal)* signifie « D'abord un verre, l'histoire viendra après ».

Calle del Mondo Novo, 5787 • Ⓥ Rialto • ☎ 041 523 53 00

• www.inisharkpub.com • Mar.-dim. 18h-1h30 • Pinte de bière : 4 €.

TEATRO MALIBRAN

Théâtre ⑪ **Plan I6**

Ce théâtre a été édifié en 1677 à l'emplacement présumé de la maison de Marco Polo. Restauré en 2001, il est dédié à Maria Malibran (1808-1836), cantatrice à la tessiture prodigieuse, disparue prématurément des suites d'une chute de cheval. Au programme, concerts classiques et opéras.

Campo del Teatro, 5873 • Ⓥ Rialto • Informations et résa : ☎ 041 24 24 (t.l.j. 9h-18h) • www.teatrolafenice.it

LE CANNAREGIO, LE GHETTO ET LA CA' D'ORO Quartier 13 – p. 93

MARCIANO PUB

Bar à bières ㊷ **Plan B1**

Un grand bar avec ses vastes canapés de cuir où s'installer avec ses amis, une carte qui fait la part belle aux bières artisanales et une petite restauration à base de burgers ou de planches de jambon… Une formule qui change à Venise ! Le plus de la maison : un grand choix de spiritueux, dont un gin à base de salicorne, une herbe lagunaire au goût iodé. À tester !

Calle Loredan, 1863/C • Ⓥ S. Marcuola • ☎ 041 476 72 55 • T.l.j. 18h-1h • Verre : à partir de 3 €.

PARADISO PERDUTO

Taverne ㊸ **Plan B2**

En journée, cette taverne à l'ancienne, avec ses tables en bois, ses murs en brique et ses vieux standards de crooners pour l'ambiance, propose une grande assiette composée (30 € pour 2 pers.) et desplats à la carte (env. 17 €).

Certains soirs, elle accueille des concerts de rock, de jazz ou de musique du monde. Clientèle mélangée, accueil souriant.
Fondamenta della Misericordia, 2540 • Ⓥ S. Alvise • ☎ 041 72 05 81 • Jeu.-lun. 11h-minuit • Bouteille de vin : 13 €.

CANTINA VECIA CARBONERA

Bar ㊹ **Plan B2**

Depuis la rue et son flux tendu de passants, difficile d'imaginer cette enfilade de salles spacieuses, avec ses grandes tables collectives, derrière le comptoir. C'est le truc en plus de ce bar, classique débit de boisson où commander un Prosecco, une bière ou un *spritz*, qui se distingue des autres par la possibilité de s'attabler sans supplément et – pourquoi pas – face à la porte d'eau, d'où observer le va-et-vient sur le canal adjacent.
Cannaregio, 2329 • Ⓥ S. Marcuola • ☎ 041 710 376 • Mar.-dim. 10h30-21h30 • Verre : à partir de 3 €.

SULLALUNA

Bar-librairie ㊺ **Plan B2**

Tout donne envie d'entrer dans ce bar-librairie, des plantes grimpantes qui envahissent les fenêtres aux couvertures colorées des livres sur les étagères. Alors on ne résiste pas à faire une pause pour siroter un verre, boire un thé, feuilleter un roman graphique ou grignoter un bout et – pourquoi pas – craquer sur un beau livre illustré (leur spécialité) à rapporter en souvenir (quelques titres en français).
Fondamenta della Misericordia, 2535 • Ⓥ S. Marcuola • ☎ 041 722 924 • Mar.-jeu. 8h-22h, ven.-dim. 8h-23h • Thé : 4 €, verre de vin : à partir de 4 €.

EL SBARLEFO

Taverne ㊻ **Plan H16**

L'endroit est tout petit, mais le choix est vaste : au comptoir, une vitrine vous met l'eau à la bouche en présentant de jolis *antipasti*, tartines de morue, de *sarde in saor* (2 €) et autres

Le charme fou des *calle*

La nuit, Venise prend un visage réellement fantastique. Dans certains quartiers, vous pouvez marcher des heures sans rencontrer âme qui vive hormis des chats. La promenade dans le **nord de Cannaregio,** de la Chiesa de la Madonna dell'Orto au Ghetto, laisse un beau souvenir ; tout comme l'errance dans les petites *calle* du **quartier de Castello,** de San Zaccaria à l'Arsenale ; ou encore dans le **quartier de San Polo,** de la Chiesa dei Frari au Campo San Pantalon, à travers les ruelles obscures. Vous retrouverez de l'animation sur le Campo Santa Margherita, où les bars restent ouverts tard.

Le top
DES BARS À VINS

Venise explore son terroir pour vous proposer des vins de tous horizons dans des bars à la sélection pointue. Voici nos meilleures adresses...

GIÀ SCHIAVI

Un peu cave, un peu bar, ici les bouteilles tapissent les murs et les crus peuvent être dégustés sur place ou achetés à emporter.

Voir p. 161, Autour des Gallerie dell' Accademia.

Vino Vero

AL MERCÀ

Debout sur la place du marché, goûtez un *malvasia* ou une *ribolla gialla* en conversant avec les mains.

Voir p. 164, Du pont du Rialto à la Ca' Pesaro.

LA BOTTIGLIA

De bonnes bouteilles et des conseils pertinents dans ce bar, qui a des airs d'épicerie.

Voir p. 164, Autour de la Basilica dei Frari.

MEZZOPIENO

La sélection toujours pointue d'Alessandro est à déguster au bord du canal – ce qui rend ce petit bar encore plus charmant.

Voir p. 174, Le Cannaregio, le Ghetto et la Ca' d'Oro.

VINO VERO

Le temple des vins naturels, italiens ou non. N'essayez pas d'y commander un *spritz*, vous vexeriez le patron.

Voir p. 173, Le Cannaregio, le Ghetto et la Ca' d'Oro.

sandwichs de charcuterie... Et dans les verres, tous les cépages d'Italie. Dégustez le vôtre au comptoir ou dehors, sur l'une des petites tables où se donnent rendez-vous les Vénitiens du quartier.
Salizada del Pistor, 4556
• V Ca' d'Oro • ☎ 041 523 30 84
• T.l.j. 10h30-22h30.

COMBO ♥

Bar musical (47) **Plan C2**

Attention : ce bar est une petite perle ! Avec ses 2 terrasses, l'une au-dessus du Rio dei Gesuiti et l'autre dans l'ancien cloître des Crociferi, c'est l'endroit parfait pour une pause-café ou un verre en soirée. À l'ombre des orangers, sur les canapés lounge, on y passerait des heures à rêvasser. De juin à septembre, le jeudi soir, des DJ animent le début de soirée.
Campo dei Gesuiti • V Ca d'Oro
• ☎ 041 528 61 03, Facebook : wecrociferi • T.l.j. 7h30-23h30 • *Spritz* : 3 €, sandwich : à partir de 1,50 €.

VINO VERO

Bar à vins (48) **Plan C2**

Pour boire des vins naturels à Venise, c'est chez *Vino Vero* que ça se passe. Ici, rien que des crus réalisés selon les techniques de vinification naturelles, donc des vins qui surprennent ! Ajoutez à ça le cadre, la Fondamenta della Misericordia et ses reflets, quelques *cicchetti* gastronomiques, et vous avez une adresse courue à l'heure de l'apéro !
Fondamenta della Misericordia, 2497
• V S. Marcuola • ☎ 041 275 00 44
• Lun. 17h-minuit, mar.-dim. 12h-minuit
• Verre de vin : de 5 à 7 €, *cicchetto* : 2 €.

CASINO DI VENEZIA

Casino (49) **Plan B2**

Jouer à la roulette ou aux machines à sous sur le Grand Canal vous tente ? Le casino de Venise est installé dans le sublime palais Renaissance Vendramin-Calergi, la demeure où s'éteignit Richard Wagner en 1883. Un petit conseil pour vivre une expérience unique : depuis la Piazzale Roma, vous pouvez emprunter gratuitement la navette qui passe par le Grand Canal pour vous conduire aux portes du palais.
Ca' Vendramin-Calergi, Calle Larga Vendramin • V S. Marcuola
• ☎ 041 529 72 30
• www.casinovenezia.it • Machines : t.l.j. 11h-2h30 (3h sam.) • Tables : t.l.j. 15h30-2h30 (3h sam.)
☎ 041 529 71 11 • Cocktails : de 8 à 11 €
• *Dress code* : pantalon long, pas de débardeur.

AL TIMON ♥

Taverne (50) **Plan B1**

Entre le Ghetto et la Fondamenta della Misericordia, mi-*osteria*, mi-*enoteca*, Al Timon fait l'unanimité. Un cadre très agréable, de bons produits (vins, *spumanti*, liqueurs...), une cuisine classique italienne, quelques spécialités vénitiennes à déguster, et un

Osteria Da Moro

bon rapport qualité/prix. Que demander de plus ?

Fondamenta dei Ormesini, 2754 • Ⓥ S. Marcuola • ☎ 041 524 60 66 • T.l.j. 18h-1h (f. janv.) • *Cicchetto* : 1 €, pâtes : 12 €, plats : de 16 à 25 €.

IL SANTO BEVITORE

Bar à bières ⑸ **Plan B2**

Le Saint Buveur est un sympathique bar à bières, repaire de la clientèle de l'auberge de jeunesse voisine et des Vénitiens amoureux de houblon. Jusqu'à 21 bières artisanales sont proposées à la pression, mais aussi des vins, des cocktails et une bonne sélection de bourbons et de whiskies. *Bruschette*, paninis et *cicchetti* combleront les petits creux. Quelques concerts de jazz ou de bossa-nova pendant le Carnaval.

Campo Santa Fosca, 2393/A • Ⓥ Ca' d'Oro • ☎ 328 672 08 28 • www.ilsantobevitorepub.com • Lun.-sam 16h-2h, dim. 12h-minuit • Cocktails : de 8 à 12 €.

MEZZOPIENO

Bar à vins 52 **Plan B1**

Au pied du pont du Ghetto, Alessandro est toujours prêt à conseiller les amateurs de bons vins, en français ou en italien. Sous la charpente de son bar restauré avec goût, le patron sélectionne le meilleur des crus transalpins, renouvelant sa sélection au fil des coups de cœur. Une terrasse le long du *rio* complète parfaitement le cadre.

Fondamenta dei Ormesini, 2832 • Ⓥ S. Alvise • ☎ 041 200 78 82 • Mar.-dim. 10h30-22h30 • Verre de vin : autour de 3,50 €.

LAGUNA LIBRE

Bar, lieu culturel 53 **Plan A1**

Bar, restaurant, café, salle de concert et lieu d'exposition, le *Laguna Libre* veut s'imposer comme un lieu pluriel défendant la culture à Venise. Si le restaurant ne vaut pas vraiment le détour,

nous vous recommandons son bar et les concerts organisés très régulièrement : jazz, chanson, musique du monde...
Fondamenta di Cannaregio, 969 • Ⓥ Guglie • ☎ 041 244 00 31 • www.lagunalibre.it • Lun.-ven. 12h-minuit (16h30-minuit en oct.-fév.), sam.-dim. 12h-minuit • Verre de vin : à partir de 2,50 €, 3,50 € à la table.

LES ÎLES DE LA GIUDECCA ET SAN GIORGIO MAGGIORE Quartier 14 - p. 100

SKYLINE BAR

Bar ⑤④ **Plan A5**

On se hisse au 8e étage de ce grand hôtel, installé dans les anciens moulins Stucky. Là, terrasse avec piscine, vue vertigineuse sur la ville et bar charmant où la jeunesse dorée se presse les week-ends et les soirs de fête : une fois par mois, fiesta thématique.
Molino Stucky Hilton, Fondamenta San Biagio, 815 • Ⓥ Palanca • Navettes gratuites depuis San Marco et Zattere • ☎ 041 272 33 11 • www.molinostuckyhilton.it • T.l.j. 12h-1h (16h-minuit en hiver) • *Bellini* : 10 €, *spritz* : 11 €.

FONDAZIONE GIORGIO CINI

Concerts ⑤⑤ **Plan D4**

Un lieu réputé pour des concerts, mais aussi pour des conférences (en italien, évidemment) ou expositions. Et surtout l'occasion unique de voir les cloîtres palladiens autour desquels s'est installée cette très sérieuse fondation (voir p. 103).
San Giorgio Maggiore • Ⓥ S. Giorgio • www.cini.it • Informations et résa ☎ 041 220 12 159 • Visites libres avec audioguides ou visites guidées en français ou en anglais à réserver à l'avance au ☎ 041 271 02 37 • Tarif : 13 € (surcoût pour la visite guidée communiqué au moment de la résa).

OSTERIA DA MORO

Bar ⑤⑥ **Plan B5**

Envie d'un *aperitivo* avec vue ? À la Giudecca, les débuts de soirée sont empreints d'une poésie toute particulière, avec le ciel qui s'enflamme au-dessus des toits de Venise et le palais des Doges au loin. Pour le savourer en buvant un verre, voici un petit bar fort agréable et aux tarifs raisonnables. Le *spritz* a la même couleur que le *tramonto* (coucher de soleil).
Fondamenta Sant'Eufemia, 658 • Ⓥ Palanca • ☎ 041 099 58 84 • T.l.j. 7h-23h • *Spritz* : 2,50 €.

Boutiques

PAR QUARTIER

À SAVOIR

HORAIRES

En règle générale, les boutiques sont ouvertes tous les jours sauf le dimanche (certaines ferment aussi le lundi matin) de 9h ou 9h30 à 13h et de 15h ou 15h30 à 19h ou 20h. **Les horaires peuvent varier** selon les saisons et les types de commerces. Certains artisans décideront aussi, selon l'humeur ou la nécessité, de fermer en affichant la simple pancarte *Chiuso* (« Fermé ») ou *Torno subito* (« Je reviens tout de suite »). Pendant les fêtes de Noël, l'été ou le Carnaval, la plupart des magasins touristiques (masques, verre de Murano, souvenirs) ouvrent le dimanche et en journée continue. N'hésitez pas à passer un coup de téléphone avant de vous y rendre, par sécurité. La fermeture annuelle a généralement lieu en août ou en janvier, avant le Carnaval.

PRIX ET RÈGLEMENT

Venise est la ville la plus chère d'Italie. Pour espérer faire des affaires, autant **profiter des soldes** (indiqués par les panneaux *Sconti* ou *Saldi*), **en janvier et en juillet,** à partir de la deuxième semaine du mois, comme l'impose la loi italienne. On ne discute pas les prix affichés, hormis sur le marché d'antiquités du Campo San Maurizio. Il est possible de régler ses achats par carte bancaire presque partout.

TAILLES ITALIENNES

Les tailles italiennes sont différentes des tailles françaises. Il faut **ajouter 4** pour les vêtements (un 38 français = un 42 italien) et **soustraire 1** pour les chaussures (un 39 français = un 38 italien).

LIVRAISON ET EXPÉDITION

Les commerçants vénitiens peuvent se charger de l'expédition et des éventuelles formalités d'assurance.
Une adresse de transporteur : **Sattis,** Fondamenta Rizzi, 310 (Santa Croce) ☎ 041 529 91 11.

SE REPÉRER

Chaque adresse de boutique est associée à une pastille rouge numérotée.
Vous retrouverez toutes les adresses positionnées sur le plan détachable.

LES COUPS DE CŒUR de notre auteur

2020

Parmi la centaine d'adresses testées, voici celles que Lucie, notre auteur, a préférées lors de ses pérégrinations dans Venise...

THE MERCHANT OF VENICE

Un petit tour dans le monde enchanté du parfum vénitien et des senteurs de la Sérénissime.

Voir p. 181, Du Museo Correr à La Fenice.

STUDIO DU

Pour le plaisir des yeux, découvrez des bijoux réalisés en mosaïque et murines, ces perles artisanales en verre de Murano, des miroirs et autres objets d'artisanat.

Voir p. 185, Du Campo Santo Stefano au Campo San Luca.

CASA DEL PARMIGIANO

Le paradis des fromages ! Pour une razzia de *parmigiano* à dévorer au retour.

Voir p. 192, Du pont du Rialto à la Ca' Pesaro.

Studio Du

SMALL CAPS

Des sérigraphies originales et très graphiques faites à Venise : c'est mon cadeau préféré à rapporter à mes proches.

Voir p. 190, Du côté de la Ca' Rezzonico.

CA' DEL SOL

Un capharnaüm de masques splendides, faits main dans cet atelier de passionné où règne une ambiance feutrée.

Voir p. 197, La Riva degli Schiavoni et le pont des Soupirs.

BRAGORÀ

Uniquement des objets faits à Venise ou par des designers vénitiens, comme des tee-shirts originaux ou une adorable peluche du lion de saint Marc.

Voir p. 198, La Riva degli Schiavoni et le pont des Soupirs.

Ca' Del Sol

LA PLACE SAINT-MARC ET LE PALAIS DES DOGES Quartier 1 - p. 26

NARDI

Bijouterie ① Plan I8

C'est le grand joaillier de la place Saint-Marc, créateur, entre autres, d'une broche à l'effigie du Maure, l'*Otello,* incrustée de pierres précieuses. Admirez le somptueux travail réalisé sur les pendulettes, boîtes, cadres et poudriers. À partir de 600 €.

Piazza San Marco, 69 • Ⓥ Vallaresso • ☎ 041 522 57 33 • www.nardi-venezia.com • T.l.j. 10h-19h (f. dim. nov.-avr.).

DU MUSEO CORRER À LA FENICE Quartier 2 - p. 34

ARCHIMEDE SEGUSO

Verre de Murano ② Plan H8

La famille Seguso œuvre dans le verre depuis le XIVe s., et Archimede Seguso, disparu en 1999, était l'un des plus grands artistes et maîtres verriers du XXe s. La galerie de San Marco expose ses œuvres, qui concourent désormais à représenter la culture vénitienne, ainsi que de nombreuses autres pièces d'art - lustres, coupes, vases, miroirs (de 50 à 20 000 €)...

La Fenice : Calle Caotorta, 3562 • Ⓥ Rialto ou Vallaresso • ☎ 041 528 90 41 • www.aseguso.com • Lun. 12h30-18h, mar.-sam. 11h-18h.

Murano : Fondamenta Serenella, 18 (voir carte p. 104) • Ⓥ Colonna • ☎ 041 739 048 • Lun.-ven. 10h-16h.

Gloria Astolfo

GLORIA ASTOLFO

Bijouterie ③ Plan I8

Gloria Astolfo est allée à bonne école auprès de sa mère Agatina. Féminines et élégantes, ses créations marient corail rouge et blanc, verre de Murano, cristal Swarovski, rubis et aigue-marine. Une profusion de perles où se glissent fleurs et papillons. Comptez 500 € pour un collier unique de toute beauté.

Calle Frezzeria, 1581 • Ⓥ Vallaresso • ☎ 041 520 68 27 • www.astolfovenezia.com • T.l.j. 10h-19h30 • Boucles d'oreilles : à partir de 25 €.

MAX ART SHOP

Masques ④ Plan I8

Cette boutique réunit parmi les meilleurs artistes de la ville inspirés par les traditions vénitiennes. Masques, marionnettes, poupées de collection, costumes et objets d'art (de 5 à 2 000 €)... Avec un peu de chance, vous serez conseillé par Antonia Sautter, la créatrice de cette caverne d'Ali Baba.

Calle Frezzeria, 1232 • Ⓥ Vallaresso • ☎ 041 523 38 51 • T.l.j. 10h-20h.

POT-POURRI

Concept store ⑤ Plan H8

Cette superbe boutique, dont la vitrine déborde sur le *rio* voisin, propose des articles de prêt-à-porter et de décoration. Côté mode, les articles raviront les femmes bien dans leurs *stilettos* : ballerines Virreina (120 € la paire), sacs Hervé Chapelier (à partir de 60 €), vêtements Scapa, Sofie d'Hoore et Samantha Sung, bottes d'Alberto Fasciani. Boutique pour hommes juste à côté.

Palazzo della Regina Vittoria Ramo dei Fuseri, 1810-1811 • Ⓥ Vallaresso • ☎ 041 522 13 32 • www.potpourri.it • Lun. 15h30-19h30, mar.-sam. 10h-13h30 et 15h30-19h30, dim. 11h-19h.

Pot-pourri

THE MERCHANT OF VENICE ♥

Parfumerie ⑥ Plan H8

Bienvenue dans le monde enchanté du parfum vénitien ! Cette ancienne pharmacie, décorée dans un goût néogothique en 1846 par Giambattista Meduna (l'architecte de La Fenice), a trouvé un second souffle grâce à Marco Vidal. Il y a développé une gamme de 6 eaux de toilette et de parfum inspirés des senteurs et des épices des anciennes routes maritimes *(mude)* de la Sérénissime. Safran de Byzance, rose de Damas ou bergamote de Sicile, ses flacons sont une véritable invitation au voyage. À partir de 50 €.

Campo San Fantin, 1895 • Ⓥ Giglio • ☎ 041 296 05 59 • www.themerchantofvenice.it • T.l.j. 10h30-19h30 (f. lun. nov.-avr.).

VENETIA STUDIUM

Déco et soie ⑦ Plan H8

Des artciles en soie ou en velours inspirés de Fortuny ! Le prix des écharpes, vraiment divines, démarre à 120 € pour s'envoler à des hauteurs

vertigineuses. Les lampes Fortuny sont fantastiques (à partir de 540 €). Jolies bourses à 290 € et coussins, de velours ou de soie, à partir de 150 €.
Calle delle Ostreghe, 2428
• Ⓥ Vallaresso ou Giglio
• ☎ 041 52369 53
• www.venetiastudium.com
• Lun.-sam. 10h-19h30, dim. 11h-19h.

ATTILIO CODOGNATO

Bijouterie ⑧ **Plan I8**

Vous ne jurez que par les bijoux anciens ? Cette jolie boutique est faite pour vous, car elle offre le plus grand choix de Venise en ce domaine (ne manquez pas les bagues !), ainsi que des camées et quelques pièces contemporaines.
Calle Larga dell'Ascensione, 1295
• Ⓥ Vallaresso • ☎ 041 522 50 42
• www.attiliocodognato.it
• Lun.-sam. 10h-13h et 16h-19h
(f. lun. ap.-m.).

LA VENEXIANA ATELIER

Masques ⑨ **Plan H-I8**

Cet excellent artisan est spécialisé dans la confection du masque traditionnel en papier mâché et peint à la main.
Calle Frezzeria, 1135/A • Ⓥ Rialto
• ☎ 041 528 68 88 • T.l.j. 10h-19h
• De 6 à 500 €.

DU CAMPO SANTO STEFANO AU CAMPO SAN LUCA Quartier 3 - p. 42

VENETIAN DREAMS

Bijouterie ⑩ **Plan H8**

Une petite boutique d'artisan où Marisa confectionne des bijoux uniques et originaux. Ses créations sont réalisées à partir de verre de Murano et de *conterie*, de minuscules perles de rocaille fabriquées sur l'île vénitienne. Sur demande, elle réalise la décoration de vos *furlane*, chaussons typiques vénitiens.
Calle della Mandola, 3805/A
• Ⓥ S. Angelo • ☎ 041 523 02 92
• www.marisaconvento.it
• Lun.-sam. 10h30-19h30 • Boucles d'oreilles : 15 €, bracelet : 80 €.

FESCINA

Bijouterie ⑪ **Plan H7**

Dans son atelier, Stefania Fescina mélange les époques et les perles. Colliers, broches et bracelets (de 120 à 700 €) marient aigues-marines, perles des années 1950, perles vénitiennes et vieil ambre.
Calle dei Fuseri, 4458 • Ⓥ Rialto ou Vallaresso • ☎ 041 520 78 82
• Lun.-sam. horaires variables (appel conseillé).

RAGGIO VENEZIANO

Maroquinerie ⑫ **Plan G8**

Un bel atelier-boutique où les Murra mettent la main à la pâte.

Giorgio crée des sacs et des pochettes (dès 68 €) ; Anna Maria confectionne les reliures des livres, ainsi que les bijoux en verre de Murano et pierres semi-précieuses (à partir de 25 €). Les cuirs de vache, tous de Toscane, sont teints selon un procédé naturel.

Campo Santo Stefano, 2953
• ☎ 041 241 27 12
• www.raggioveneziano.com
• T.l.j. 10h30-18h (19h30 l'été).

NINA

Mode femme ⑬ **Plan H7**

Cet écrin charmant, entre pierres apparentes, poutres et coin boudoir, célèbre des marques italiennes (Pomandère, Kristina Ti, Lardini) et propose une mode colorée et délicate.

Campo Manin, 4231 • Ⓥ S. Angelo
• ☎ 041 241 12 63 • Lun.-sam. 10h-14h et 15h30-19h30, dim. 11h-19h
• Robes : de 180 à 500 €.

FABIO GATTO

Concept store ⑭ **Plan H8**

Un concept store chic mais pas hors de prix, où tout est bien pensé, de la déco à la sélection des marques (Aristolasia, Rossopuro, Robert Friedman...). Les vêtements, sacs et chaussures sont tous élégants et sobres.

Calle della Mandola, 3804
• Ⓥ S. Angelo • ☎ 041 241 16 11
• www.fabiogatto.com
• Lun.-sam. 10h-19h, dim. 10h30-18h30
• À partir de 135 €.

LINEA D'ACQUA

Librairie ⑮ **Plan H7**

Linea d'Acqua est une librairie spécialisée sur la ville de Venise et sur Casanova. Luca Zentilini propose le meilleur choix de gravures et de livres anciens (ouvrages sur le théâtre de Goldoni, de Ruskin...), dont beaucoup sont en français.

Fabio Gatto

Le top des adresses GOURMANDES

L'Italie est un grand pays de la gastronomie et Venise ne fait pas exception. Nous avons sélectionné quelques adresses savoureuses pour rapporter un peu d'Italie dans vos valises.

PANTAGRUELICA

Et si vous rapportiez des *bigoli*, les pâtes vénitiennes, pour les cuisiner à votre retour ? Grande sélection de *pasta* d'excellente qualité.

Voir p. 190, Du côté de la Ca' Rezzonico.

VIZIOVIRTÙ

Des chocolats aussi créatifs que délicieux, agrémentés de fruits secs ou confits, de gingembre ou encore de lavande... Quant aux glaces, elles sont succulentes !

Voir p. 185, Les Mercerie.

Viziovirtù

CASA DEL PARMIGIANO

Le temple du plus emblématique des fromages italiens, d'où rapporter des produits absolument exquis..

Voir p. 192, Du pont du Rialto à la Ca' Pesaro.

CASA DELLA GRAPPA

Toutes les sortes de *grappas* sont proposées ici pour notre plus grand bonheur : *grappas* de Prosecco, de Valpolicella, etc.

Voir p. 193, Du pont du Rialto à la Ca' Pesaro.

TORREFAZIONE CANNAREGIO

Une adresse incontournable pour acheter son café, torréfié à Venise. Également des thés aux saveurs épicées.

Voir p. 201, Le Cannaregio, le Ghetto et la Ca' d'Oro.

Calle della Mandola, 3717/D • Ⓥ S. Angelo • ☎ 041 522 40 30 • www.lineadacqua.it • Lun.-ven. 9h-13h et 15h-19h, sam. 10h-13h (ouv. aussi sur r.-v. au ☎ 347 297 65 14).

ALBERTO VALESE

Papeterie ⑯ **Plan H8**

Un des grands noms du papier marbré de Venise. *Alberto Valese* reproduit ses motifs originaux sur différents supports : calepins, boîtes et petits tiroirs en papier mâché, mais aussi foulards en soie et en crêpe de Chine… Peut-être verrez-vous l'un de ses ouvriers réaliser une impression florale dont il a le secret ?

Campo Santo Stefano, 3471 • Ⓥ S. Angelo ou S. Samuele • ☎ 041 523 88 30 • www.albertovalese-ebru.it • Lun.-sam. 10h-13h30 et 14h30-19h, dim. 10h-18h • Foulards : de 2 à 150 €.

STUDIO DU ♥

Mosaïque ⑰ **Plan G8**

Les oiseaux merveilleux de Dusciana Bravura trônent au centre de ce magasin aux 1 000 pierres précieuses. Cette artiste mixe le meilleur de l'artisanat pour réaliser bijoux, miroirs et objets de déco en mosaïque et verre de Murano. Un vrai trésor !

Calle de le Carozze, 3283 • Ⓥ S. Samuele • ☎ 333 265 54 22 • www.duscianabravura.com • T.l.j. 10h30-18h30 • Boucles d'oreilles : 50 €.

LES MERCERIE Quartier 4 - p. 48

VIZIOVIRTÙ

Chocolats ⑱ **Plan I7**

Lorsque Mariangela a ouvert sa boutique, les Vénitiens s'étonnèrent de trouver du bon chocolat dans leur ville ! Elle leur ajoute des fruits secs ou confits, de la cardamome, du gingembre, de la lavande… C'est ultra-créatif et délicieux… tout comme les glaces ! La boutique-atelier « Vice et Vertu » se situe à quelques pas du Campo San Lio.

Sestiere Castello 5988 (calle del Former) • Ⓥ Rialto • ☎ 041 275 01 49 • www.viziovirtu.com • T.l.j. 10h-19h (f. dim. juin-août) • Chocolat : de 0,70 à 1,10 € la pièce.

MATERIALMENTE

Décoration ⑲ **Plan I7**

Avec un savant mélange de métaux et de jeux de lumière, l'artiste Alessandro Salvadori travaille ses lampes sur place, des pièces aériennes qui attirent l'œil. Certaines ressemblent à des mobiles de Calder. D'autres évoquent une fleur, un totem. Un brassage d'influences venues d'ailleurs. Également des bijoux.

Merceria San Salvador, 4850 • Ⓥ Rialto • ☎ 041 528 68 81 • www.materialmentevenezia.com • Lun.-sam. 10h30-19h, dim. 11h-18h • À partir de 40 €.

GIULIANA LONGO

Chapeaux ⑳ **Plan H7**

Le chapeau du gondolier, c'est chez elle qu'il faut l'acheter. Cette modiste l'a remis au goût du jour, dans sa version d'été en paille avec ruban ou d'hiver en drap de laine. Giuliana crée aussi des chapeaux sur mesure (de 65 à 3 000 €). Sa boutique mérite un coup d'œil, surtout au moment du Carnaval.

Calle del Lovo, 4813
- **Ⓥ Rialto • ☎ 041 522 64 54**
- **www.giulianalongo.com**
- **Lun.-sam. 10h-19h**
- **Chapeau : environ 65 €.**

AL DUCA D'AOSTA

Mode homme ㉑ **Plan I7**

Barba Napoli, Caruso, Stone Island... Cardigans et polos, jeans et pantalons, de toile ou plus habillés, dessinent la silhouette de l'homme d'aujourd'hui. Un style assumé, à la fois élégant et décontracté.

Calle Larga San Marco, 284
- **Ⓥ Vallaresso • ☎ 041 520 40 79**
- **www.alducadaosta.com**
- **Lun.-sam. 10h-19h, dim. 11h-19h.**

IL TEMPIO DELLA MUSICA

Disquaire ㉒ **Plan I7**

Ils ne sont pas légion, les disquaires à Venise, mais celui-là est de grande qualité. Les compositions de l'enfant du pays, Vivaldi, y sont évidemment présentes en nombre, comme d'autres compositeurs italiens (Verdi ou les baroques). Également une sélection conséquente de disques de jazz, de pop et de rock.

Ramo del Fontego dei Tedeschi, 5368
- **Ⓥ Rialto • ☎ 041 523 45 52**
- **Lun.-sam. 10h-13h et 15h-19h30.**

AUTOUR DES GALLERIE DELL' ACCADEMIA Quartier 5 - p. 52

MASSIMO MICHELUZZI

Verre de Murano ㉓ **Plan G8**

Cet artiste vénitien, passé chez le verrier Venini, expose aujourd'hui ses pièces dans les musées et galeries d'Europe et des États-Unis. Passez aussi voir son showroom, spectaculaire, situé à 2 minutes des Gallerie dell'Accademia.

Ponte delle Maravegie, 1071
- **Ⓥ Accademia ou Ca' Rezzonico**
- **☎ 041 528 21 90 • info@massimomicheluzzi.it • Lun.-sam. 10h-13h et 15h30-19h30 (f. sam. ap.-m.)**
- **Œuvres : de 200 à 4 000 €.**

CANESTRELLI

Décoration ㉔ **Plan G8**

Stefano Coluccio a d'abord été architecte, puis il s'est intéressé aux miroirs de sorcière, ces glaces convexes que les peintres flamands (Van Eyck, Metsys) et italiens (Bellini ou Le Caravage) ont utilisées pour déjouer la lumière

Canestrelli

ou simplement pour jouer de ses reflets avec le spectateur. N'y voyez aucune superstition : le miroir de sorcière, au logis, est bienveillant ; il est même supposé porter chance ! Cet artiste travaillant seul, n'hésitez pas à revenir ou à téléphoner si son atelier est fermé.

Sacca de la Toletta, 1173
• Ⓥ Accademia • ☎ 041 277 06 17
• www.venicemirrors.com
• Lun.-sam. 11h-13h30 et 15h30-19h.
• Miroir : à partir de 65 € (bois ou laiton).

LA TOLETTA

Librairie ㉕ **Plan G8**

L'institution vénitienne du livre d'art neuf ou d'occasion à prix réduit ! Vaste choix en italien, mais aussi un petit rayon de livres en français : des guides de Venise, des albums jeunesse, des romans, quelques beaux livres…

Sacca della Toletta, 1213
• Ⓥ Ca' Rezzonico ou Accademia
• ☎ 041 523 20 34 • www.latoletta.com
• Lun.-sam. 9h-19h30, dim. 11h-19h.

LA POINTE DU DORSODURO Quartier 6 - p. 57

CORNICI TREVISANELLO

Décoration ㉖ **Plan B4**

Silvia Trevisanello réinvente la tradition de l'encadrement vénitien, utilisant des matériaux comme les perles, les cannes de verre, l'aluminium, les feuilles d'or, d'argent, de verre… Elle travaille sur place, et c'est assez magique de voir les transformations.

Fondamenta Bragadin, 662
• Ⓥ Accademia • ☎ 041 520 77 79
• Lun.-sam. 9h-13h et l'ap.-m. sur r.-v.
• De 60 à 450 €.

MARINA E SUSANNA SENT

Verre de Murano ㉗ **Plan B4**

Cette galerie-boutique propose les créations des sœurs Sent. Jolis bijoux en perles de verre à partir de 30 €, étoles en laine mérinos, vases, objets en pâte de verre. Un travail artisanal que l'on retrouve dans d'autres boutiques et qui est exposé aussi au Museo del Vetro à Murano (p. 105).

Dorsoduro : Campo San Vio, 669 • Ⓥ Accademia • ☎ 041 520 81 36 • T.l.j. 10h-13h et 13h30-18h30.
San Marco : Ponte San Moisè, 2090 (plan H8) • Ⓥ Vallaresso • ☎ 041 520 40 14 • T.l.j. 10h-13h et 13h30-18h30.
• **San Polo :** Sotoportego dei Oresi, 70 (plan H6) • Ⓥ Rialto Mercato • ☎ 041 521 00 16 • Mar.-sam. 10h-13h et 13h30-18h30.
Murano : Fondamenta Serenella, 20 (voir carte p. 104) • Ⓥ Colonna • ☎ 041 527 46 65 • Lun.-ven. 10h-18h (avr.-juin lun.-sam. 10h-17h) • www.marinaesusannasent.com

DU CÔTÉ DE LA CA' REZZONICO Quartier 7 - p. 62

MADERA HOME & DESIGN

Arts de la table ㉘ **Plan B4**

À Venise, les arts contemporains de la table commençaient à manquer cruellement. Cette boutique en rouge et blanc propose une sélection de créateurs. Parmi les collections très design, les casseroles blanches italiennes KnIndustrie ou les assiettes en céramique d'Aida Dirse.

Campo San Barnaba, 2762
• Ⓥ Ca' Rezzonico • ☎ 041 522 41 81
• www.maderavenezia.it
• Lun.-sam. 10h-13h et 15h30-19h30.

SIGNOR BLUM

Enfants ㉙ **Plan B4**

Vous êtes à l'affût d'un souvenir vénitien pour décorer une chambre d'enfant ? Juste à l'angle du Campo San Barnaba, cet artisan découpe, depuis 1980, de petits objets en bois qu'il peint de couleurs très pimpantes. Mobiles, panneaux, jouets, bibelots, animaux ou

Madera Home & Design

architectures vénitiennes : tout est en puzzle et tout est ravissant. Comptez 13 à 17 € pour une gondole et 77 € pour une reproduction miniature du palais Foscari.

Campo San Barnaba, 2840
• Ⓥ Ca' Rezzonico • ☎ 041 522 63 67
• www.signorblum.it
• T.l.j. 10h-13h30 et 14h30-19h30 (horaires variables).

AQUA ALTRA

Artisanat ㉚ **Plan A4**

Cette coopérative sociale réunit une vingtaine de bénévoles et propose des produits originaux et issus du commerce équitable. Plein de souvenirs beaux et bio à rapporter chez soi : des cosmétiques aux *panettone* artisanaux, cette brioche de Noël célèbre dans toute l'Italie, en passant par la confiture de fruits des bois (4,50 €) ou le chocolat. L'accueil est adorable.

Campo Santa Margherita, 2898
• Ⓥ Ca' Rezzonico • ☎ 041 521 12 59
• Lun.-sam. 10h-13h et 16h-19h30.

CA' MACANA

Masques ㉛ **Plan B4**

Dans la boutique, vous trouverez des masques en papier mâché de tradition vénitenne (de 32 à 350 €) et d'autres modèles créés dans les années 1980 par de jeunes étudiants passionnés par la renaissance du Carnaval. Mais *Ca' Macana* propose aussi et surtout des ateliers de décoration de masques en papier.

Aqua Altra

D'une durée de 2h, ces cours (qui peuvent se tenir en français) sont dispensés par des artisans fins connaisseurs de l'histoire vénitienne des masques. L'atelier commence d'ailleurs par une brève explication sur la fabrication d'un masque et son histoire. Ensuite, l'apprenti choisit 2 masques parmi 60 modèles différents et sélectionne l'une des 7 techniques proposées. À partir de là, il donne libre cours à sa créativité… Une version allégée de ces stages, en 1h pour la décoration d'un seul masque, est également proposée avec des tarifs dégressifs. N'hésitez pas à appeler ou à envoyer un mail pour réserver : on vous répondra en français.

Calle delle Botteghe, 3172
• Ⓥ Ca' Rezzonico • ☎ 041 277 61 42
• www.camacana.com • T.l.j. 10h-18h30 (10h-19h30 avr.-oct.) • Stage 1h : 49 €/pers. si vous êtes seul, 44 €/pers. à 2 ou 39 €/pers. à 3.

ARRAS

Mode et déco ㉜ **Plan G8**

Cette association, dédiée à la réinsertion de personnes en difficulté, propose des modèles tissés à la main de couleurs gaies et à des prix raisonnables : plaids et couvre-lits pure laine (100 × 140 cm, 195 €, sur commande uniquement), cabas en feutre (à partir de 29 €), écharpes en laine ou coton (à partir de 37 €), ainsi que des vestes. Vous pouvez aussi passer commande pour toutes les pièces.

Campiello Squelini, 3235 • Ⓥ Ca' Rezzonico ou S. Tomà • ☎ 041 522 64 60 • www.arrastessuti.wordpress.com • Lun.-jeu. 9h-13h30 et 14h-18h30 (f. lun. ap.-m.), ven. 9h-18h, sam. 9h30-14h.

C'ERA UNA VOLTA

Enfants ㉝ **Plan B3**

Le paradis du costume pour enfants est aussi la boutique idéale en période de Carnaval pour procurer à vos chérubins un costume de fée ou de pirate (à partir de 20 €). Toute l'année, on y déniche des trésors : jouets en bois, perles, jeux de société… une sélection pointue de marques comme Moulin Rotty, Great Pretender ou Jellycat parmi lesquelles vous trouverez forcément un petit présent de qualité pour les enfants.

Calle San Pantalon, 3739 • Ⓥ S. Tomà • ☎ 041 718 899 • Lun.-sam. 10h-19h30 (t.l.j. nov.-déc.).

SMALL CAPS ♥

Sérigraphie ㉞ **Plan A4**

Paolo, vénitien, est un grand amoureux de sa ville sur laquelle il continue de poser un regard rêveur. Dans les sérigraphies qu'il réalise à la main dans son atelier, la Sérénissime et ses clichés sont réinterprétés de façon poétique. Les palais ont des racines qui deviennent forêt, les rameurs transforment le fil de l'eau en lignes graphiques… Très originales, ses impressions sont un beau souvenir pas kitsch pour un sous à rapporter pour soi ou pour ses proches.

Calle Lunga San Barnaba, 1610 • Ⓥ S. Basilio • ☎ 339 532 67 00 • www.smallcaps.it • Mar.-sam. 9h30-19h.

PANTAGRUELICA

Épicerie fine ㉟ **Plan B4**

La bonne adresse du Dorsoduro, où l'on trouve de la *grappa* Capovilla – c'est la plus chère (de 30 à 120 €), mais d'autres ont des prix plus raisonnables. Également de la poutargue (*bottarga*, le « caviar de Méditerranée »), des vins, du risotto joliment présenté dans des boîtes en métal, des pâtes sèches bio. Idée de cadeau : un paquet de *bigoli*, les spaghettis vénitiens (ils sont faits avec de la farine de blé complète), vendus dans leur bel emballage à l'ancienne (8 €).

Campo San Barnaba, 2844 • Ⓥ Ca' Rezzonico • ☎ 041 523 67 66 • Lun.-sam. 10h-20h (ouv. également dim. avr.-juin et sept.-déc.).

Nos boutiques *MADE IN* VENISE

Pour éviter la sempiternelle boule à neige et les magnets faits en Chine, une sélection d'adresses où dénicher des merveilles d'artisanat vénitien, qui marient tradition et modernité…

Alberto Valese

VENETIA STUDIUM

Écharpes, coussins, bourses, lampes… en velours ou en soie, inspirés des modèles Fortuny.

Voir p. 181, Du Museo Correr à La Fenice.

ALBERTO VALESE

Des calepins, des boîtes, des foulards aux motifs du célèbre papier marbré vénitien.

Voir p. 185, Du Campo Santo Stefano au Campo San Luca.

VENETIAN DREAMS

Des *furlane* artisanales (chaussons en velours) ornées de perles de Murano. Également de très beaux bijoux.

Voir p. 182, Du Campo Santo Stefano au Campo San Luca.

CA' DEL SOL

Une caverne d'Ali Baba au cœur de laquelle l'artisan est au travail, retouchant les détails d'un de ses précieux masques.

Voir p. 197, La Riva degli Schiavoni et le pont des Soupirs.

VECCHIA MURANO

La boutique idéale pour rapporter bijoux, masques ou objets de déco réalisés en verre de Murano.

Voir p. 199, La Riva degli Schiavoni et le pont des Soupirs.

ÉDITIONS DU DROMADAIRE

Des livres pour enfants, beaux et ludiques, imprimés et reliés à la main..

Voir p. 200, Santa Maria Formosa et la Basilica Santi Giovanni e Paolo.

DU PONT DU RIALTO À LA CA' PESARO Quartier 8 - p. 68

ATTOMBRI

Bijouterie **(36) Plan H6**

Les créations des frères Attombri, des bijoux en verre de Murano un peu rétro, ont séduit des stylistes célèbres de la péninsule, tel Romeo Gigli.
Sottoportico degli Oresi, 65 • V Rialto Mercato • ☎ 041 521 25 24 • www.attombri.com • Lun.-sam. 10h-13h et 14h30-19h.

MARCO FRANZATO

Bijouterie **(37) Plan G6**

Le vitrail coûte cher, et la bonne idée de l'artisan Marco Franzato, maître en vitrail Tiffany, est d'avoir décliné son talent pour ceux dont le porte-monnaie est plus mince. Il utilise les mêmes méthodes pour des pendentifs vraiment originaux, des boucles d'oreilles et des presse-papiers (à personnaliser si on veut). Il y a vraiment de quoi craquer !
Campo Santa Maria Materdomini, 2176 • V S. Stae • ☎ 041 524 07 70 • www.marcofranzato.it • T.l.j. 10h-18h (17h dim.) • De 10 à 2 000 €.

CASA DEL PARMIGIANO ♥

Épicerie fine **(38) Plan H6**

Du parmesan 3 ans d'âge, ça fond tout seul dans la bouche. Trois générations d'Aliani sont aux commandes de cette Casa del Parmigiano, connue au Rialto depuis 1936. Au frais, les charcuteries comme la *bresaola*, la *coppa* ou la *pancetta*, et les fromages - *provolone* et *pecorino* en tête. Une idée de cadeau : un petit pot de miel ou carrément la sauce à base d'oignons

Les *furlane*

Fabriqués dans le Frioul, ces chaussons en velours ont une semelle... en pneu de bicyclette. C'était la chaussure antiglisse du gondolier, bien que d'autres affirment que leur seule utilité était de ne pas faire de bruit. Les femmes de chambre les portaient ou les courtisanes lorsqu'elles sortaient la nuit... Vous en trouverez ornées de perles ou de passementeries chez **Venetian Dreams** (p. 182) ou **Piedàterre** (de 49 à 225 € la paire). Les autres, vendues à 20 € au Rialto ou vers la Collezione Guggenheim, viennent sûrement de Chine.

(39) **Piedàterre, San Polo, 60 (plan H7) • V Rialto • ☎ 041 528 55 13 • www.piedaterre-venice.com • Lun.-ven. 10h-13h30 et 14h30-19h30, sam. 10h-19h30, dim. 10h30-18h30 ; f. jours fériés.**

Vanni Morandin

à déguster avec le fromage (à partir de 2,95 € le petit pot de 100 g).
Erberia Rialto, 214-218
• Ⓥ Rialto Mercato • ☎ 041 520 65 25
• www.aliani-casadelparmigiano.it
• Lun.-mer. 8h-13h30, jeu.-sam. 8h-19h30.

VANNI MORANDIN

Enfants ㊵ **Plan G6**

Avec des pièces en bois, Vanni Morandin fait des puzzles, des tableaux en 3D et des créations personnelles. Les mobiles sont poétiques, comme cette lune qui laisse tomber ses étoiles, ou inspirés des silhouettes de Venise, avec les musiciens et personnages de la commedia dell'arte. Monochromes ou colorés comme des tableaux de Matisse, ils sont tous remarquables.
Salizada San Stae, 1921 • Ⓥ S. Stae
• ☎ 347 248 26 37 • T.l.j. 10h-21h.

CASA DELLA GRAPPA

Épicerie fine ㊶ **Plan H7**

Vous entrez dans le royaume de la *grappa* : *grappas* de Prosecco, de Valpolicella, etc. Également du vin (de 4 à 10 €) et des pâtes (2 ou 3 €).
Ruga Vecchia San Giovanni, 779/A
• Ⓥ Rialto Mercato ou S. Silvestro
• ☎ 041 523 65 78 • T.l.j. 8h-13h et 16h-19h30 • *Grappa :* de 10 à 25 €.

AUTOUR DE LA BASILICA DEI FRARI Quartier 9 - p. 74

FANNY GLOVES

Maroquinerie ㊷ **Plan G7**

Giorgio Fontanive conçoit des gants et des pochettes classiques aux teintes vives, en agneau, en sanglier ou en pécari, doublés de cachemire, de soie ou de lapin. Du bel ouvrage !

Calle dei Saoneri, 2723 • Ⓥ S. Tomà • ☎ 041 522 82 66 • Lun.-sam. 9h30-13h30 et 14h30-19h30, dim. 10h-18h30 • Paire de gants : à partir de 45 €.

BOTTEGA DEI MASCARERI

Masques ㊸ **Plan G7**

Depuis 1984, les frères Sergio et Massimo Boldrin réalisent dans leur atelier de superbes masques en papier mâché, peints à la main ou appliqués de feuilles d'or, à des années-lumière du *made in China* (ce sont eux qui ont conçu pour Stanley Kubrick les masques du film *Eyes Wide Shut* !). Certains sont typiquement vénitiens *(bauta, moreta...)*, d'autres s'inspirent de la commedia dell'arte ou des fresques de Tiepolo. Il en est de très décoratifs qui ont la forme d'une lune ou qui composent un portrait de fruits et de légumes à la façon du peintre Arcimboldo. Tous ont en commun le soin du détail et de la nuance.

Calle dei Saoneri, 2720 • Ⓥ S. Tomà • ☎ 041 524 28 87 • www.mascarer.com • T.l.j. 9h-18h • À partir de 15 €.

GILBERTO PENZO

Modèles réduits ㊹ **Plan G7**

Gilberto Penzo est passionné par le monde de la mer : il a écrit plusieurs livres sur les bateaux et travaille pour le Museo Storico Navale (p. 83). N'hésitez pas à lui poser vos questions sur

L'élaboration d'un masque

Avec de l'argile, l'artisan modèle d'abord la **forme du masque,** puis il coule du plâtre pour obtenir un **moule.** Cette coque de plâtre est ensuite tapissée de papier mâché, puis mise à sécher. Après démoulage, l'artisan polit la surface du masque et assure la **finition :** incision de détails, des orbites et de la bouche, etc. Après l'application d'une couche de préparation blanche vient le stade de la **peinture,** réalisée à la main. Les masques en cuir (plus chers) adoptent des formes diverses. L'artisan ramollit le cuir pour travailler la forme. Il dore le masque à la feuille ou le teinte au gré de son inspiration. Un masque en cuir a plus de valeur encore s'il est fait d'une seule pièce. Pour le savoir, retournez-le !

les embarcations vénitiennes : ce monsieur est une véritable encyclopédie ambulante. Dans sa boutique, vous pourrez acheter des modèles réduits de bateaux anciens et des gondoles en kit avec plans de construction (30 € + frais de livraison).
Calle II dei Saoneri, 2681 • Ⓥ S. Tomà • ☎ 041 524 61 39 • www.veniceboats.com • Lun.-sam. 8h30-13h et 15h-18h.

TRAGICOMICA

Costumes ㊺ **Plan G7**

En face de la maison de Goldoni, cette boutique originale propose encore quelques magnifiques marionnettes en bois (Pinocchio entre 320 et 850 €) et des masques à partir de 30 €. Aujourd'hui, elle est surtout spécialisée dans la location de costumes (350 €) et la vente de costumes de carnaval (à partir de 2 000 €).
Calle dei Nomboli, 2800 • Ⓥ S. Tomà • ☎ 041 72 11 02 • www.tragicomica.it • T.l.j. 10h-19h.

GIORGIO MION ET SYLVIA FINIELS

Verrerie ㊻ **Plan G7**

L'une des spécialités de cette galerie microscopique, tenue par un couple franco-vénitien : les sulfures en verre de Murano des années 1920 à 1970. Vous trouverez aussi des pieds de lampe anciens en verre et mariés avec des abat-jour sur mesure (l'alliance verre/tissu est une réussite) ; des pièces Memphis des

Tragicomica

années 1960 ; des perles en verre début XXe s. ; des verres anciens...
Calle II^{a} dei Saoneri, 2694 • Ⓥ S. Tomà • ☎ 320 727 01 35 • www.meravigliedivenezia.com, aventurinadesign.com • Horaires variables, mais le plus souvent lun.-sam. 11h-13h et 16h-18h30 (appeler avant) • Boucles d'oreilles : à partir de 30 €.

AMADI

Verre sculpté ㊼ **Plan G7**

On voit beaucoup de petits animaux en verre sculpté dans les boutiques de souvenirs, inexpressifs et éloignés de leur modèle. Ceux-ci sont particulièrement réussis, car c'est avec un œil de naturaliste que Bruno Amadi, derrière ses bâtons

Le meilleur de la MODE ITALIENNE

Les beaux magasins de vêtements sont légion à Venise ; et si vous aimez le shopping, vous tomberez souvent en arrêt devant des vitrines superbes ! Voici notre sélection de boutiques pour hommes et pour femmes…

FABIO GATTO

Chaque pièce de prêt-à-porter féminin de ce concept store donne envie de craquer : une merveille !

July

Voir p. 183, Du Campo Santo Stefano au Campo San Luca.

POT-POURRI

Deux boutiques côte à côte qui séduiront les hommes et les femmes à la recherche d'une élégance exubérante, à l'italienne.

Voir p. 181, Du Museo Correr à La Fenice.

BANCO LOTTO N° 10

Des articles faits main par les détenues de la Giudecca dans de précieux tissus de chez Rubelli : l'assurance de trouver des pièces uniques.

Voir p. 197, La Riva degli Schiavoni et le pont des Soupirs.

JULY

Jeune, féminine, abordable : cette boutique de Cannaregio séduit les Vénitiennes à la mode.

Voir p. 202, Le Cannaregio, le Ghetto et la Ca' d'Oro.

de verre, donne vie à son petit zoo imaginaire. Les oiseaux de la lagune sont à partir de 45 € - les mouettes sont d'une justesse inouïe. Papillons (à partir de 70 €), éléphants, outardes... Une autre vitrine est dévolue aux anchois, aux sardines et aux légumes, toujours miniatures.
Calle dei Saoneri, 2747 Ⓥ S. Tomà • ☎ 041 523 80 89 • Lun.-sam. 10h-13h et 14h30-18h (parfois f. sam. en été).

LEGATORIA POLLIERO

Papeterie ㊽ **Plan G7**

À l'ombre de la Chiesa dei Frari, cette toute petite *legatoria*, ouverte depuis cinquante ans, abrite des merveilles de papier marbré, du petit carnet à secrets au grand agenda. Vous pouvez faire relier votre livre préféré (petit format) pour 70 € au minimum (expédition possible).
Campo dei Frari, 2995 • Ⓥ S. Tomà • ☎ 041 528 51 30 • Lun.-sam. 10h-19h30, dim. 10h-13h.

ATELIER PIETRO LONGHI

Costumes ㊾ **Plan G7**

Envie d'acheter ou de louer un costume de théâtre ou d'opéra ? Pietro Longhi est l'homme qu'il vous faut. Allez au moins admirer cette boutique fabuleuse.
Rio terrà dei Frari, 2608 • Ⓥ S. Tomà • ☎ 041 71 44 78 • www.pietrolonghi.com • Lun.-ven. 9h30-15h30, sam. matin sur r.-v. • Masques : à partir de 40 €, costumes : de 1 800 à 4 000 €.

LA RIVA DEGLI SCHIAVONI ET LE PONT DES SOUPIRS Quartier 10 - p. 78

CA' DEL SOL ♥

Masques ㊿ **Plan D3**

Du sol au plafond, les masques recouvrent les murs de cette boutique à l'ambiance feutrée et mystérieuse. Presque invisible au milieu de ses œuvres, l'artisan est au travail, finissant un détail au pinceau fin. Un véritable atelier de passionné, où acheter un authentique masque ou bien louer un costume pendant le Carnaval.
Fondamenta dell'Osmarin, 4964 • Ⓥ S. Zaccaria • ☎ 041 528 55 49 • www.cadelsolmascherevenezia.com • T.l.j. 10h-22h (juin-oct.) et 10h-20h (nov.-mai) • Masque : de 2 à 2 000 €, location de costume : à partir de 250 €.

BANCO LOTTO N° 10

Mode femme (51) **Plan D3**

Tout ce qui est vendu dans ce magasin a été réalisé par les détenues de la maison d'arrêt des femmes de la Giudecca. Les tissus sont achetés chez Rubelli, l'un des plus vieux fabricants vénitiens. Chemisettes légères en lin et en coton, vestes ajustées, robes droites aux tailles ajustables grâce à un petit système de réglage (entre 30 et 220 €, selon les articles). Leur spécialité : les inspirations vintage des années 1950-1960.

Salizada Sant'Antonin, 3478/A • Ⓥ Arsenale • ☎ 041 522 14 39 • www.ilcerchiovenezia.it • Lun.-sam. 9h30-19h30, dim. (avr.-oct.) 11h-17h.

MARIO BEVILACQUA

Décoration **52 Plan I7**

Cette boutique est un objet d'art à elle seule depuis 1800 ! Même les cinéphiles y trouveront leur bonheur : ils admireront les photos du film *Anonimo Veneziano* tourné en partie dans la boutique. Vous pourrez réaliser ici tous vos rêves de décoration (de 9 à 1 000 €). Une **autre adresse,** près de la Fenice (Campo Santa Maria del Giglio, 2520 – plan C4, Ⓥ Giglio, ☎ 041 241 06 62, lun.-sam. 10h-19h).

Fondamenta Canonica, 337/B • Ⓥ S. Zaccaria • ☎ 041 528 75 81 • www.bevilacquatessuti.com • Lun.-sam. 10h-19h, dim. 10h-17h.

SERENISSIMA

Épicerie fine **53 Plan D3**

Le chef est surtout réputé pour ses plats élaborés à partir de pâtes fraîches artisanales (de 10 à 20 € le kilo), chaque jour différents. Tagliatelles ricotta-épinards, raviolis basilic, gnocchis de pommes de terre… Une bonne adresse si vous louez un studio à Venise. On y trouve également

Mario Bevilacqua

des pâtes sèches, des vins régionaux et des petits flacons pression d'huile d'olive pimentée ou parfumée à la truffe (5 €).

Salizzada dei Greci, 3455 • Ⓥ S. Zaccaria • ☎ 041 522 74 34 • www.pastificioserenissima.it • Lun.-ven. 8h-13h et 17h-19h30, sam. 8h-13h et 16h-19h.

BRAGORÀ ♥

Mode homme **54 Plan D3**

On vient surtout dans cette boutique pour ses tee-shirts (dès 15-20 €) vraiment sympas et originaux – alternative appréciable aux habituels souvenirs arborant Venise et ses gondoles. Ici, un

modèle orange vante les mérites du *spritz* tout en mettant en garde contre ses dangers potentiels ; un autre, noir à fond jaune, reprend la signalétique locale indiquant San Marco ou Rialto.
Salizada Sant'Antonin, 3496 • Ⓥ Arsenale • ☎ 041 319 08 64 • www.bragora.it • Lun.-sam. 9h30-19h30, dim. 10h30-18h30.

VECCHIA MURANO

Verre de Murano ⑤⑤ **Plan I7**

Les créations de cette boutique sont réalisées selon l'art séculaire des maîtres verriers de Murano. La fabrique de l'étage n'est accessible qu'aux groupes, sur rendez-vous. Mais rassurez-vous : les visiteurs individuels pourront arpenter de long en large la superbe boutique-galerie qui regorge de bijoux, de masques ou de superbes objets décoratifs en tous genres comme un vase, intégralement confectionné et peint à la main (835 €).
Calle larga San Marco, 4392/A • Ⓥ S. Zaccaria • ☎ 041 271 85 02 • www.vecchiamurano.it • T.l.j. 8h30-18h (dernière démonstration à 17h30 en hiver) • Boucles d'oreilles : à partir de 20 €, bagues : à partir de 30 €, masques : 50 €.

DE L'ARSENALE AUX GIARDINI Quartier 11 - p. 82

KONTEMPO GALLERY & SHOP

Bijoux, céramique ⑤⑥ **Plan H4**

Tout au bout de la Via Garibaldi, ces 2 créatrices se sont réunies pour proposer dans un seul espace leurs créations. D'un côté, les bijoux en verre au style contemporain, dont les perles sont réalisées directement dans la boutique ; de l'autre, les céramiques aux couleurs épurées et mates déclinées en tasses, sous-tasses et carafes. Également de petits magnets « poisson » à rapporter en souvenir.
Fondamenta Sant'Anna, 998 • Ⓥ Gardini • Mar.-sam. 10h-13h et 15h-18h (19h30 en été) ; f. mer. ap.-m.

SANTA MARIA FORMOSA ET LA BASILICA SANTI GIOVANNI E PAOLO Quartier 12 - p. 88

LIBRERIA ACQUA ALTA

Librairie ⑤⑦ **Plan D3**

Véritable curiosité, cette librairie est pleine à craquer d'ouvrages neufs ou anciens. Il vous faudra déplacer des gros chats endormis sur une pile de livres, contourner des gondoles ou des baignoires remplies de livres pour atteindre l'extrémité de la boutique où se trouve,

sur une petite terrasse, un « escalier de livres » qui offre, au sommet, une jolie vue sur un petit canal.
Calle Lunga S. M. Formosa, 5176 • V S. Zaccaria • ☎ 041 296 08 41 • T.l.j. 9h-20h.

PAPIER MÂCHÉ

Masques **58 Plan D3**

Une boutique aux allures de galerie d'art, qui propose des masques très travaillés, mais aussi des céramiques de toute beauté peintes à la main. Prix intéressants et bons conseils.
Calle Lunga S. M. Formosa, 5174/B • V S. Zaccaria • ☎ 041 522 99 95 • www.papiermache.it • T.l.j. 9h-19h30 • De 30 à 1 000 €.

PELLETTERIA VENETA

Maroquinerie **59 Plan D3**

Pour celles qui adorent les sacs, porte-monnaie et petits objets en cuir, voici LA bonne adresse à connaître à Venise. Dans ce petit espace à deux pas du Campo Santi Giovani e Paolo, vous trouverez sacs à dos, pochettes et *borsette* à prix cassés. Faits en Italie, ces sacs sont vendus dans tout le pays, mais dans cette boutique, vous trouverez l'*outlet* et des tarifs vraiment intéressants pour des produits de qualité.
Sestiere Castello, 6365 • V Ospedale • ☎ 041 303 12 91 • www.pelletteriaveneta.com • Lun.-sam. 9h30-19h30, dim. 10h-19h30.

ÉDITIONS DU DROMADAIRE

Librairie **60 Plan D3**

Nées en 2000 de Florence Faval, sculpteur-graveur, et de Pierre Hornain, graveur et poète, les *Éditions du Dromadaire* comptent une vingtaine de titres à leur actif : des livres qui sont autant d'ouvrages d'art, beaux et ludiques, imprimés et reliés à la main, que les enfants adorent. Dans cette galerie-boutique, ceux-ci peuvent aussi découvrir des expositions ou prendre part à des ateliers. Livres en série de 8 à 15 €. Éditions limitées et numérotées de 45 à 65 €.
Calle Barbaria delle Tole, 6656 • V Ospedale • ☎ 041 529 90 14 • www.dromadaire.it • Lun.-mer. et ven.-sam. 10h-12h45 et 15h-18h, jeu. 10h-12h45.

Éditions du Dromadaire

PROSCIUTTO E PARMIGIANO

Épicerie fine (61) Plan I7

Cette épicerie propose un beau choix de pâtes artisanales, de bocaux d'artichauts, de tomates séchées et de charcuteries (le jambon de Parme et le *salame* valent le détour). C'est beau, bon, et vous serez gentiment conseillé...

Calle Mondo Novo, 5793/A • Ⓥ Rialto • ☎ 338 312 02 84 • www.prosciuttoeparmigiano.it • Lun.-sam. 7h30-14h et 15h30-19h30 (ouv. continue en été).

Il Canovaccio

IL CANOVACCIO

Masques (62) Plan I7

À côté des masques unis (blancs, noirs, argent ou or) et de ceux représentant les figures de la commedia dell'arte créés par Francesca Cecamore, cette boutique propose une sélection originale de masques d'animaux : chats, renards, grenouilles ou singes (une centaine de modèles au choix – dont certains pour les enfants).

Calle delle Bande, 5369-5370 • Ⓥ Rialto • ☎ 041 521 03 93 • www.kartaruga.it • Lun.-jeu. et dim. 10h-18h, ven.-sam. 10h-19h • Masques : de 10 à 550 €.

LE CANNAREGIO, LE GHETTO ET LA CA' D'ORO Quartier 13 – p. 93

TORREFAZIONE CANNAREGIO

Café (63) Plan B1

Nouveau look et nouvelle adresse pour cette boutique bien connue des habitants du quartier. Depuis 1930, la sélection de cafés de cette torréfaction est une valeur sûre pour les Vénitiens *aficionados* de caféine. Avec sa nouvelle boutique, elle se réinvente dans un style plus contemporain et ajoute un bar et une petite terrasse à son espace de vente. Goûtez le *Cafè Remèr* (0,90 €) ou une sélection de 8 arabicas avant de vous décider. Café en grains de 24 à 32 €.

Fondamenta dei Ormesini, 2804 • Ⓥ Guglie ou S. Alvise • ☎ 041 71 63 71 • www.torrefazionecannaregio.it • Lun.-sam. 7h-19h30, dim. 9h-18h.

COOP

Supermarché 64 Plan I6

Il y a quelques petits supermarchés Coop à Venise. Celui-ci est plutôt grand. Un bon plan pour y trouver les produits de base italiens à un prix nettement plus avantageux qu'en France, en particulier les pâtes De Cecco et la pâte d'olives en pot. Pensez aussi aux garnitures à base de tomates ou de basilic, aux *crostini*, aux *grissini* et aux douceurs aux amandes.

Rio Terrà Santi Apostoli, 4612/E • Ⓥ Ca' d'Oro • ☎ 041 241 05 03, www.e-coop.it • T.l.j. 9h-21h.

JULY

Mode femme 65 Plan C2

Enfin un magasin de prêt-à-porter moderne, original et abordable à Venise ! La sélection joue avec les codes de l'élégance pour proposer un dressing jeune et cool parmi lequel on trouve des robes légères, des trenchs brodés, des tee-shirts imprimés (env. 39 €) et aussi une sélection de très beaux sacs en cuir.

Fondamenta della Misericordia, 2502 • Ⓥ Orto • ☎ 338 711 58 15 • Mar.-sam. 10h-13h et 15h-19h30 • Sacs : de 80 à 200 €.

LES ÎLES DE LA GIUDECCA ET SAN GIORGIO MAGGIORE Quartier 14 - p. 100

Showroom Fortuny

SHOWROOM FORTUNY

Tissus et déco 66 Plan A5

Le tissu le plus réputé de la lagune dispose d'un showroom à la hauteur de son prestige ! N'hésitez pas à sonner à l'immense porte sombre pour pénétrer dans cet univers feutré et écouter l'histoire de ce fabricant de tissu, tout en admirant les pièces de la collection dans un petit salon. En plus des tissus, des accessoires de maison en porcelaine. Les ateliers, situés au même endroit, sont cependant invisibles pour préserver les secrets de fabrication.

Fondamenta San Biagio, 805 • Ⓥ Palanca • ☎ 393 825 76 51 • www.fortuny.com

• Lun.-sam. 10h-13h et 14h-18h (f. sam.-dim. nov.-avr.).

CARTAVENEZIA

Papeterie ⑥⑦ Plan B5

Le papier qui sert de base au travail de cet artisan établi dans l'ancien cloître Santi Cosma e Damiano est épais et brut. Il le façonne pour en faire des moulages, des appliques, des mobiles, des cadres photo mais aussi des enveloppes (de 3 à 12 € pièce) et des marque-pages (13 €). Aucun coloris ou très peu ; le beige très clair est la marque de fabrique de cette adresse qui existe depuis maintenant 16 ans.

Campo San Cosmo (Giudecca) 621/F • Ⓥ Palanca • ☎ 041 524 12 83 • www.cartavenezia.it • Sur r.-v. uniquement.

L'ÎLE DE MURANO Quartier 15 - p. 104

VOIR AUSSI LES VERRIERS (P. 108-109) :

Elle Elle Murano - Nason Moretti ⑥⑧ Carte p. 104

Venini ⑥⑨ Carte p. 104

Alessia Fuga ⑦⓪ Carte p. 104

Barovier & Toso ⑦① Carte p. 104

Muriel Balensi ⑦② Carte p. 104

Avant d'acheter de la dentelle à Burano...

Allez visiter le musée de la Dentelle tout proche (p. 114) pour apprécier ce qui se fait de mieux dans l'art du *merletto* vénitien. Faites ensuite le tour des boutiques de l'île en gardant la tête froide : si le prix est alléchant alors que la proportion de broderie sur le linge est importante, vous avez plus d'un risque sur deux d'acquérir du *made in Taïwan*... Regardez attentivement les pièces sous toutes les coutures et cherchez leur origine !

⑦③ **Martina Vidal**
Calle San Mauro, 307 et 309 (voir carte p. 112) • Ⓥ Burano • ☎ 041 73 55 23 • www.martinavidal.com • T.l.j. 9h30-18h.

⑦④ **Emilia**
Piazza Galuppi, 205 (voir carte p. 112) • Ⓥ Burano • ☎ 041 73 52 45 • www.emiliaburano.it • T.l.j. 10h-18h.

ORGANISER son week-end

QUAND PARTIR ?

- Idéalement de **fin avril à fin juillet** ou de **septembre à novembre,** car le temps est plus sec et les températures douces.
- Les hivers sont froids et pluvieux et peuvent être marqués par l'***acqua alta,*** un phénomène de marée qui inonde les rues pour quelques heures.
- Évitez le mois d'août à cause de l'affluence des touristes, de l'invasion des insectes et des mauvaises odeurs parfois liées aux eaux saturées de la lagune.

FORMALITÉS

Pour les citoyens d'un pays de l'Union européenne, une **carte d'identité** en cours de validité suffit.

COMMENT Y ALLER ?

- **En avion,** les compagnies aériennes Air France et Alitalia proposent des vols quotidiens directs depuis Paris et Lyon ; Easyjet dessert Venise depuis Paris, Bordeaux, Lyon et Nice ; Transavia depuis Paris et Nantes ; RyanAir depuis Beauvais ; Vueling depuis Paris.
- **En train,** la compagnie Trenitalia relie Venezia-Santa-Lucia et Nice ou Monaco (www.trenitalia.com) ; Thello assure des trajets nocturnes de Paris-Gare-de-Lyon à Venezia-Santa-Lucia avec un arrêt à Dijon (www.thello.com).

BUDGET

- Venise est une destination chère et les tarifs des hôtels ne correspondent pas toujours aux niveaux de confort et de service attendus. Les prix peuvent passer du simple au quadruple lors de grands événements (Carnaval, Biennale…) : pensez donc à réserver longtemps à l'avance (au moins 2 mois et davantage).
- Une fois payés les vols et l'hébergement, comptez un budget de 80 € par jour pour les repas, les sorties, les musées…

DANS QUEL QUARTIER LOGER ?

- Les hôtels classiques (2 ou 3 étoiles) sont installés au bord de *rio* romantiques ou sur des *campi* pleins de charme.
- Le quartier le plus central de la ville est celui de Saint-Marc, mais ce n'est pas le plus calme et les établissements sont coûteux.

À SAVOIR

Les enfants mineurs, non accompagnés de l'un de leurs parents doivent être en possession d'une autorisation de sortie du territoire.

Formulaire à télécharger sur : **www.service-public.fr/particuliers/vosdroits/F1359**

◗ Les petits budgets préfèreront le quartier de Castello, les noctambules celui de Cannaregio (très proche du quartier Saint-Marc) et les amateurs d'art, Dorsoduro.
◗ Évitez de prendre un hôtel sur l'île du Lido : vous perdriez du temps dans les transports.

COMBIEN ÇA COÛTE ?

Billet de *vaporetto* : 7,50 €
Entrée dans une église : de 1 à 4 €
Entrée au musée : de 6 à 15 €
Repas au restaurant : de 25 à 40 €
Dîner dans un *bacaro* ou une petite *osteria* : 15 €
Nuit d'hôtel : de 100 à 150 €
Cappuccino : de 2 à 6 €

SE RENSEIGNER

www.enit.it : le site de l'Office national italien de tourisme.
www.turismovenezia.it : le site de l'office de tourisme de Venise (anglais et italien).

ADRESSES

◗ Chacun des 6 *sestieri* (quartiers de la ville) a son propre système de numérotation. Pour indiquer une adresse, on donne donc le nom du quartier, suivi d'un numéro. D'autres points de repère permettent de se retrouver : le nom des rues *(calle)* ou des places *(campi)*, en plus du numéro.
◗ Une application qui permet de se repérer à partir du numéro et du nom du *sestiere :*
https://izioleti.serendpt.net

TÉLÉPHONER

En France depuis Venise :
00 33 + les 9 chiffres de votre correspondant (sans le 0).
À Venise depuis la France :
00 39 + 041 (indicatif de Venise) + le numéro de votre correspondant.
Appels à Venise : composez le numéro de votre correspondant, avec l'indicatif.
Depuis juin 2017, les frais d'itinérance *(roaming)* ne sont plus facturés par votre opérateur lors de vos voyages au sein de l'Union européenne. Vos communications vous coûteront le même prix que vos communications nationales. Attention toutefois aux plafonds de consommation ! Renseignez-vous auprès de votre opérateur.

Informations touristiques :
☎ 041 24 24
Urgences Ospedale Civile :
Campo Santi Giovanni e Paolo, 6777 (plan I6) • Ⓥ Rialto • ☎ 041 529 41 11
Police : ☎ 113
Urgences : ☎ 118
Gendarmerie : ☎ 112
Incendie : ☎ 115

ARRIVER À VENISE

EN AVION

L'aéroport de Marco Polo est situé à 12 km de Venise (aéroport principal pour les vols internationaux).

REJOINDRE LE CENTRE-VILLE DEPUIS L'AÉROPORT DE MARCO POLO	PRIX	DURÉE
En bus 5-Aerobus (ACTV) ou bus 35 (ATVO)	8 € l'aller simple, 15 € l'aller-retour	Trajet de 20 min jusqu'à la Piazzale Roma. Départ toutes les 15-30 min.
En *taxi acquei* ☎ 041 522 23 03, ☎ 041 723 009 ou ☎ 041 522 12 65	100 € pour 1 à 4 personnes, 130 € pour 6 personnes	Le moyen le plus rapide pour rejoindre le centre de Venise (30 min).
En bateau Les bateaux Alilaguna desservent les îles de la lagune. Empruntez la ligne « Arancio » (orange) pour les stations du Grand Canal (Guglie, S. Stae, Rialto, S. Angelo, Ca' Rezzonico) jusqu'à San Maria del Giglio. Préférez la ligne « Blu » (bleue) pour rejoindre les stations Murano, Fondamenta Nuove, S. Zaccaria, S. Marco et Zattere. La ligne « Rossa » (rouge) dessert directement le Lido. www.alilaguna.it ou www.veneziaunica.it	Achetez votre billet moins cher sur les sites de Venezia è Unica et d'Alilaguna (25 €) avant votre départ. À l'aéroport, rendez-vous au bureau Alilaguna, muni du code reçu lors de la transaction pour retirer votre titre. Vous pouvez aussi vous procurer un ticket aux guichets du terminal « Arrivée » ou à bord du bateau (15 € le trajet ; 27 € l'aller-retour).	Ligne « Arancio » : 7h45-23h45 depuis l'aéroport, 5h49-22h19 depuis San Maria del Giglio. Ligne « Blu » : 6h15-0h30 depuis l'aéroport, 3h50-22h55 depuis San Marco. Ligne « Rossa » : départ toutes les 30 ou 60 min selon le moment de la journée. Pour aller de l'aéroport à l'embarcadère, comptez 8 bonnes min à pied (suivez l'indication *darsena*, « bassin » en français). Comptez 1h15 pour rallier San Marco

L'aéroport de Trévise est situé à 36 km de Venise (aéroport d'arrivée de certaines compagnies low cost).

REJOINDRE LE CENTRE VILLE DEPUIS L'AÉROPORT DE TRÉVISE	PRIX	DURÉE
En bus **Treviso Express** (ATVO)	12 € l'aller simple, 22 € l'aller-retour	Trajet de 1h10 jusqu'à Piazzale Roma. 1 ou 2 bus/heure, t.l.j. 5h30-23h30.

EN TRAIN

La gare **Venezia-Santa-Lucia** (ne pas descendre à Venezia-Mestre !) se trouve au bord du Grand Canal. De la station Ferrovia, les *vaporetti* 1, 2, 3, 4.1 et 5.1 rejoignent la place Saint-Marc en 30 min environ (7,50 € le billet, 75 min).

SE DÉPLACER

• Le plan des transports est au verso de notre plan détachable •

À PIED

Toutes les îles sont bien desservies en bateau, mais à Venise même le moyen le plus simple est la marche !

EN BATEAU

Vous pouvez emprunter le ***vaporetto*** ou le ***motoscafo.*** Le premier est gros, assez lent. Le second est bas sur l'eau, plus rapide, et son pont exigu. Vous l'utiliserez pour aller dans les îles de la lagune (Murano, Burano et Torcello). La ***motonave,*** sorte de paquebot-ferry, dessert seulement les parties de Venise où les voitures ont le droit de circuler (Lido).

- **Les lignes centrales (1, 2 et N)** empruntent le Grand Canal aller-retour.
- **Les lignes « circulaires » (4.1, 4.2, 5.1 et 5.2)** font le tour de Venise, certaines passant par

LES RUES DE VENISE

Une rue n'est pas toujours une *calle*. Selon sa géographie, sa forme, son histoire... le vocable change. Ainsi, une *calle* devient *fondamenta* quand elle longe un canal, *piscina* lorsqu'elle abritait autrefois une citerne ou un bassin, *ramo* quand elle est coudée. Un *rio terrà* signifie que vous marchez sur un ancien canal, aujourd'hui comblé, une *ruga* est une rue commerçante, une *salizzada* une rue pavée, un *sottoportego* un passage couvert...

les îles de la Giudecca, du Lido ou de Murano.

- **Les lignes lagunaires (3, 9, 11, 12, 13, 14 et 20)** desservent les îles « mineures » : San Lazzaro, San' Erasmo, Burano, Mazzorbo, Torcello, Chioggia...
- **La ligne 7** relie San Marco et Murano directement.
- **La ligne 6** dessert l'île du Lido via le Canale della Giudecca.
- **À savoir :** un numéro barré indique que le *vaporetto* n'effectue qu'une partie du trajet de la ligne.

HORAIRES

En général, les ***vaporetti, motoscafi*** et ***motonavi*** fonctionnent **de 5h à minuit.** Entre 7h et 21h, le temps moyen d'attente est de 10 à 20 min.

- **La ligne N (comme *nocturne*)** relie entre elles les îles de Venise, de la Giudecca et du Lido, en passant par le Grand Canal. Un bateau par heure, jusqu'à la reprise du service.

Pour plus d'informations, consultez le bimensuel gratuit *Un Ospite di Venezia* ou le Plan de *Leo Bussola*, distribué partout.
www.unospitedivenezia.it

TITRES DE TRANSPORT

CHEBATEO, L'APPLI DES TRANSPORTS VÉNITIENS

Pour vous y retrouver parmi les nombreuses lignes de *vaporetti* et les horaires pas toujours clairs, vous pouvez télécharger cette application gratuite qui vous indiquera quelles lignes emprunter pour aller d'un arrêt à un autre, mais aussi le nombre d'arrêts et la durée du voyage. Bonus, l'appli est disponible en français et en... vénitien !

chebateo.it • Disponible sur Android, Windows et Apple.

- Les **tickets à l'unité** (voir encadré ci-dessous) s'achètent dans les stations importantes, dans les kiosques et les tabacs arborant le sigle ACTV. Il existe des **billets forfaitaires** à durée variable donnant un accès illimité aux transports en commun (voir encadré ci-dessous).
- Pour Murano, voir p. 104. Pour Burano, voir p. 113.

EN *TRAGHETTI*

À bord de ces gondoles, debout

PRIX DES TITRES DE TRANSPORT EN BATEAU	
Billets forfaitaires	6 tickets en fonction de la durée de validité et de la saison. Tarifs standard : 1 j. (20 €), 2 j. (30 €), 3 j. (40 €), 7 j. (60 €). Informations et achat : www.veneziaunica.it
Tickets à l'unité	4 € pour un aller, 7 € pour 1h. Informations et achat : www.actv.it

et pour 2 €, vous pouvez passer d'une rive à l'autre du Grand Canal :

- de Santa Sofia à Pescaria (lun.-ven. 7h30-19h, sam.-dim. 9h-19h) ;
- de San Tomà à la Calle Garzoni (lun.-ven. 7h30-19h, sam.-dim. 8h30-19h) ;
- de Giglio à la Collezione Peggy Guggenheim (t.l.j. 9h-18h).

EN GONDOLE

Le tarif officiel est de 80 € les 30 min pour 6 personnes maximum, 100 € après 19h. Plus encore avec chanteur. Trois conseils : allez à l'une des 11 stations de gondoles (ne vous laissez pas alpaguer dans la rue par un rabatteur, criant un joyeux « *Gondola, gondola !* »), fixez le prix avant et marchandez, surtout hors saison.

EN *TAXI ACQUEI*

Dans le centre historique, une petite frime à bord de ces hors-bord en bois verni vous coûtera 60 € minimum du Piazzale Roma à San Marco. Les tarifs sont très variables selon le parcours et le chauffeur... Essayez de négocier.

- Demandez à l'hôtel le téléphone de la borne la plus proche, ou appelez par exemple au ☎ 041 522 23 03, ☎ 041 723 009 ou ☎ 041 522 12 65.
- Si vous préférez l'indépendance, vous pouvez toujours louer un bateau à moteur ou un hors-bord, avec ou sans chauffeur (Noleggio Barche Brussa, Fondamenta de Ca' Labia, 331, plan A2/B2, Ⓥ Guglie,

Un billet pour Venise ?

L'info a fait le tour du monde : l'accès au centre historique de Venise deviendrait payant. Précisons toutefois : par « centre historique », on entend tous les quartiers lagunaires, soit l'ensemble des quartiers de visite de ce guide. Le tarif serait de 6 € à partir du 1er janvier 2020, mais pourrait subir des variations selon l'affluence touristique prévue par un baromètre local (3 € les jours verts, 8 € les jours rouges et 10 € les jours noirs). La taxe, qui sera théoriquement réglée par les visiteurs à travers la compagnie de transport utilisée pour rejoindre le centre historique (bateau, train, tram, bus, taxi...), ne s'appliquerait pas aux enfants de moins de 6 ans, aux personnes à mobilité réduite, aux détenteurs d'une carte de transport « Venezia Unica », ni à ceux dont l'hôtel se situe dans le centre historique. Cela dit, au moment où nous rédigeons ce guide, la mise en application de la mesure est encore incertaine : à votre arrivée, renseignez-vous au moment de l'achat de votre titre de transport vous permettant de rejoindre le centre historique.

VENISE GRATUITE

• La **Settimana della Cultura,** organisée chaque année à la mi-avril par le ministère de la Culture, permet de découvrir gratuitement, pendant 9 jours, musées et monuments nationaux ou municipaux. Au programme : les Gallerie dell'Accademia, la Galleria Franchetti à la Ca' d'Oro, le Palazzo Grimani...
Renseignements : ☎ 800 99 11 99 (nº Vert, service disponible en anglais, lun.-ven. 9h-17h30) • www.beniculturali.it

• La **Nuit de l'art à Venise** (*Art Night Venezia*) : le temps d'une nuit, le public prend possession des églises, musées, palais et galeries de la ville pour des dizaines de lectures, expositions et concerts gratuits.
Programme sur : www.artnight.it

• Le 1er dimanche de chaque mois, les Musei Civici sont entièrement gratuits dans le cadre de l'opération **Domenica al Museo.**
Programme sur : www.beniculturali.it/domenicalmuseo

☎ 041 71 57 87, www.brussaisboat.it), ou encore des barques équipées de moteurs électriques avec le matériel nécessaire pour pique-niquer sur la lagune (Classic Boats Venice, Certosa, www.classicboatsvenice.com/it, 80 €/1h, 130 €/2h, 295 €/8h jusqu'à 6 pers.).

INFORMATIONS TOURISTIQUES / VISITES

CENTRES D'INFORMATIONS TOURISTIQUES

Ils sont **ouverts tous les jours de 9h30 à 18h30** (horaires variables selon les saisons) et installés au Palazzetto (près des Giardini Reali, entre Vallaresso et San Marco), place Saint-Marc (vers le Museo Correr, f. à 15h30), sur le Piazzale Roma, à la gare, à l'aéroport et au Lido (Via Santa Maria Elisabetta, 6/A, ouv. seulement en haute saison).

Informations : ☎ 041 529 87 11
• www. turismovenezia.it

HORAIRES

MUSÉES ET MONUMENTS

Les horaires étant soumis à variations, consultez *Un Ospite di Venezia*, distribué dans la plupart des hôtels. D'une manière générale, **les grands monuments et musées ouvrent de 9h ou 10h jusqu'à 17h ou même 18h, les petits musées et les musées privés de 9h à 13h.** Le jour de fermeture est souvent le lundi, mais pas toujours...
En général, musées et monuments sont **fermés le 1er janvier, le 1er mai et le 25 décembre.**

ÉGLISES

Les horaires sont encore plus irréguliers que pour les musées. **L'entrée est souvent payante** (entre 1 et 4 € ; 3€ pour les églises du réseau Chorus, voir p. 212). Les églises importantes sont ouvertes du lundi au samedi de 10h30 à 16h30 (16h le lundi). Les autres sont ouvertes tous les jours jusqu'à 12h puis de 16h30 à 19h. Certaines n'ouvrent qu'à l'heure de la messe ou restent fermées. Shorts et épaules découvertes sont interdits.

LES PASS VISITES

SILVER CITY PASS

C'est LE pass économique et coupe-file pour visiter les principaux musées et monuments de la ville. Il existe plusieurs formules selon le nombre de musées à visiter.

Adult City Pass

Le pass le plus complet (39,90 € ou 29,90 € pour les moins de 30 ans). Valable 7 jours, il permet l'accès gratuit à la **Fondazione Querini-Stampalia,** au **Museo Ebraico,** aux **16 églises Chorus** (p. 212), ainsi qu'à une dizaine de **musées municipaux** (Musei Civici Veneziani) : palais des Doges, Museo Correr, Museo Archeologico, Biblioteca Nazionale Marciana, Torre dell'Orologio, Ca' Rezzonico, Palazzo Mocenigo, Casa di Carlo Goldoni, Galleria Ca' Pesaro et son Museo d'Arte Orientale, Museo Fortuny, Museo del Vetro de Murano, Museo del Merletto de Burano et Museo di Storia Naturale.

MUSEUM PASS ET MUSEI DI PIAZZA SAN MARCO

Museum Pass

Valable 6 mois (35 €, tarif réduit : 18 €), il permet l'accès aux **musées municipaux** (sauf la Torre dell'Orologio et le Museo Fortuny).

RÈGLES DE VIE VÉNITIENNES

Pour un tourisme responsable et respectueux de la vie locale, la ville de Venise préconise quelques règles de vie à travers une campagne pour le tourisme durable intitulée **#EnjoyRespectVenice.** Pour faciliter la circulation piétonne, marchez à droite, ne vous arrêtez pas sur les ponts, ne vous asseyez pas sur les marches ou sur le parvis des monuments historiques. Place Saint-Marc, il est interdit de s'asseoir sur les marches sous peine d'amende. Malgré la légende, nourrir les pigeons est aujourd'hui interdit, car leurs déjections sont corrosives pour les pierres. Les voitures ne sont pas les seules à être bannies de Venise : les vélos, même tenus à la main, ne sont pas autorisés. Enfin, la baignade dans les canaux est prohibée, tout comme les tenues de plage (pas de torse nu ni de maillot).

https://www.comune.venezia.it/it/content/sanzioni-comportamenti

Musei di Piazza San Marco
Valable 3 mois (25 €, tarif réduit : 13 €), il donne accès aux **musées de la place Saint-Marc** : palais des Doges, Museo Correr, Museo Archeologico et salles monumentales de la Biblioteca Nazionale Marciana.
Vous pouvez acheter ces 2 pass sur : www.veneziaunica.it
Lors de votre visite, présentez-vous à la billetterie « Accès réservé » et montrez la preuve d'achat (comportant un numéro et un code-barres) pour obtenir votre billet d'entrée.
Pour plus de renseignements : www.visitmuve.it

LE PASS CHORUS

Le pass Chorus permet de découvrir les **16 églises vénitiennes** dont l'association Chorus assure la valorisation et la sauvegarde. Parmi elles, la Chiesa del Redentore, la Chiesa Santa Maria del Giglio, la Basilica Santa Maria dei Frari et la Chiesa San Sebastiano. Valable 1 an, ce *pass* s'achète dans l'une de ces églises ou auprès de l'office de tourisme (12 € par personne, 8 € pour les moins de 30 ans, 24 € pour une famille).
Pour plus de renseignements : www.chorusvenezia.org

VISITES INSOLITES

ITINERARI SEGRETI

Les mystères du palais des Doges peuvent être découverts à travers cette visite guidée « Itinéraires secrets », qui permet d'accéder à des pièces inconnues du public, des fastueuses salles aux cellules des prisonniers (p. 29).
28 € (15 € tarif réduit) • Sur réservation uniquement quelques jours à l'avance sur https://palazzoducale.visitmuve.it

GHOST TOUR

Écrivain et journaliste, le Vénitien Alberto Toso Fei est l'auteur de *Légendes vénitiennes et Histoires de fantômes*, *Les Secrets du Grand Canal* ou *Venice : The Ruyi* (chasse aux trésors ; disponibles en anglais et en français dans les librairies de la ville). On s'y plonge avec plaisir pour une découverte inédite et troublante de la Sérénissime.
Informations sur www.albertotosofei.it ou sur http://www.secretvenice.it/secret-ghost-tours/venice/

VISITES THÉMATIQUES

De leur côté, les guides de Venise, regroupés en association, proposent des itinéraires thématiques : « Venise et les étrangers », « Grands peintres de Venise », « Venise secrète », etc. Comptez environ 200 € la demi-journée pour un guide individuel. Point de rendez-vous selon l'itinéraire, visites dans toutes les langues.
Infos et réservations : ☎ 041 520 90 38 • www.guidevenezia.it

Nos hôtels
PAR QUARTIER

DU MUSEO CORRER À LA FENICE Quartier 2 - p. 34

FLORA

À deux minutes de la place Saint-Marc, un hôtel au décor un rien désuet mais doté de petites chambres calmes.

Calle Larga XXII Marzo, 2283/A (plan H8) • Ⓥ Giglio • ☎ 041 520 58 44 • www.hotelflora.it • De 130 à 325 €.

ANTICA CASA COPPO

Cet hôtel familial, au calme et à deux pas du Museo Correr, offre 10 chambres douillettes.

Calle Coppo, 4320 (plan H7) • Ⓥ Vallaresso • ☎ 041 523 35 85 • www.anticacasacoppo.it • De 80 à 350 €.

LA FENICE ET DES ARTISTES

Près du théâtre La Fenice, sur un joli *campiello*, l'un des hôtels les plus agréables du quartier.

Campiello della Fenice, 1936 (plan H8) • Ⓥ Giglio • ☎ 041 523 23 33 • www.fenicehotels.com • De 90 à 380 €.

DU CAMPO SANTO STEFANO AU CAMPO SAN LUCA Quartier 3 - p. 42

LOCANDA FIORITA

Une charmante *locanda* (auberge) à côté du Campo Santo Stefano. Les chambres sont calmes, bien équipées, récemment rénovées et meublées dans l'esprit XVIIᵉ s.

Campiello Novo, 3457/A (plan H8/G8) • Ⓥ S. Angelo ou S. Samuele • ☎ 041 523 47 54 • www.locandafiorita.com • De 100 à 190 €.

AUTOUR DES GALLERIE DELL' ACCADEMIA Quartier 5 - p. 52

CA' PISANI

Entre les Zattere et l'Accademia, un hôtel design logé dans un palais du XIVᵉ s. mais redécoré dans un style inspiré des années 1930 et 1940. Après une bonne journée de visite, rien de mieux qu'un moment de détente dans son solarium ou ses bains turcs.

Hotel American Dinesen

Rio terrà A. Foscarini, 979/A (plan B4)
• Ⓥ Accademia ou Zattere
• ☎ 041 240 14 11
• www.capisanihotel.it
• De 100 à 720 €.

SEGUSO

Une pension pleine d'atouts (boiseries, lustres vénitiens) dont les chambres, avec ou sans salle de bains, sont toutes charmantes. Coup de cœur.
Fondamenta Zattere ai Gesuati, 779 (plan B4) • Ⓥ Zattere
• ☎ 041 528 68 58
• www.pensioneseguso.com
• De 100 à 250 €, avec petit déj.

HOTEL AMERICAN DINESEN

Un charme suranné pour cet hôtel familial et chaleureux et ses 30 chambres de style vénitien, dont une douzaine avec vue sur le Grand Canal.
Fondamenta de Ca' Bragadin, 628 (plan B4) • Ⓥ Accademia
• ☎ 041 520 47 33
• www.hotelamerican.it
• De 80 à 410 €.

DU CÔTÉ DE LA CA' REZZONICO Quartier 7 - p. 62

HOTEL LOCANDA SAN BARNABA

Ce palais familial offre 13 chambres, toutes différentes, certaines avec fresque d'origine, d'autres avec vue sur le jardin ou sur un petit canal.
Calle del Traghetto, 2785-2786 (plan G8) • Ⓥ Ca' Rezzonico
• ☎ 041 241 12 33 • www.locanda-sanbarnaba.com • De 120 à 215 €.

CASA CABURLOTTO

Gérée par les religieuses, cette maison d'hôte propose 51 chambres rudimentaires au-dessus d'un jardin ravissant. Un lieu idéal pour les familles.

Fondamenta Rizzi, 316 (plan A3)
• Ⓥ Piazzale Roma • ☎ 041 71 08 77
• www.casacaburlotto.it
• Ouv. jusqu'à minuit • De 55 à 140 €.

HOTEL OLIMPIA VENICE

37 chambres, au bord d'un *rio*, décorées dans le plus pur style rococo. Jardin pour le petit déjeuner ou le farniente.

Fondamenta delle Burchielle, 395 (plan A3) • Ⓥ Ferrovia
• ☎ 041 71 10 41
• www.hotel-olimpia.com
• De 155 à 500 €.

DU PONT DU RIALTO À LA CA' PESARO Quartier 8 - p. 68

AL PONTE MOCENIGO

Ce petit palais bâti à la fin du XVIe s. donne sur un petit canal. Il a été reconverti en un hôtel à la décoration soignée d'inspiration XVIIIe s. (grands lits, lustres de Murano, rideaux de Damas...). Préférez les chambres à l'étage, hautes de plafond. Bonne qualité d'accueil et de service. Le petit déjeuner peut être servi en chambre.

Fondamenta Rimpeto Mocenigo, 2063 (plan G6) • Ⓥ S. Stae
• ☎ 041 524 47 97
• www.alpontemocenigo.com
• De 90 à 190 €.

AUTOUR DE LA BASILICA DEI FRARI Quartier 9 - p. 74

Oltre il Giardino

OLTRE IL GIARDINO

Coup de cœur pour cette demeure située au milieu d'un joli jardin d'oliviers et de magnolias, où l'on peut prendre son petit déjeuner aux beaux jours. Accueil discret et chaleureux. 6 chambres à la décoration sobre et soignée. Une adresse calme idéale pour les amoureux.

Fondamenta Contarini, 2542 (plan G7)
• Ⓥ S. Tomà • ☎ 041 275 00 15
• www.oltreilgiardino-venezia.com
• De 180 à 250 €.

LA RIVA DEGLI SCHIAVONI ET LE PONT DES SOUPIRS Quartier 10 - p. 78

CASA PER FERIE PATRONATO SALESIANO LEONE XIII

Dans un quartier calme, cet institut religieux propose des chambres avec salle de bains dans un cadre plutôt moderne. Atmosphère familiale.

Calle San Domenico, 1281 (plan E4)
• Ⓥ Giardini • ☎ 041 523 07 96
• www.salesianivenezia.it
• De 75 à 110 €.

HOTEL CA' FORMENTA

Des chambres spacieuses et confortables avec, pour certaines, une très belle vue sur le canal Saint-Marc. Mention spéciale à la n° 203 pour sa terrasse.

Via Garibaldi, 1650 (plan E4)
• Ⓥ Arsenale • ☎ 041 528 54 94
• www.hotelcaformenta.it
• De 80 à 360 €.

ALBERGO DONI

À l'est de la place Saint-Marc, au calme du Rio del Vin, cet hôtel familial propose 13 grandes chambres confortables (dont 4 avec salle de bains).

Calle del Vin, 4656 (plan D3)
• Ⓥ S. Zaccaria • ☎ 041 522 42 67
• www.albergodoni.it
• De 50 à 120 € sans W.-C., de 60 à 145 € avec W.-C.

LA RESIDENZA

Un superbe palais du XVe s. qui a gardé son décor d'origine (fresques des salons), le tout au calme sur un *campo* loin des foules. Les chambres ont été restaurées et modernisées.

Campo Bandiera e Moro, 3608 (plan D3)
• Ⓥ S. Zaccaria
• ☎ 041 528 53 15
• www.venicelaresidenza.com
• De 80 à 250 €.

SANTA MARIA FORMOSA ET LA BASILICA SANTI GIOVANNI E PAOLO Quartier 12 - p. 88

HOTEL CA' D'ORO

Un hôtel situé à l'écart des rues passantes, aux chambres spacieuses et confortables, avec une jolie terrasse sur le toit. Petit déjeuner copieux.

Corte Barbaro, 4604 (plan H6)
• Ⓥ Fondamenta Nuove ou Ca' d'Oro
• ☎ 041 241 12 12
• www.venicehotelcadoro.com
• De 70 à 200 €, avec petit déj.

LE CANNAREGIO, LE GHETTO ET LA CA' D'ORO Quartier 13 - p. 93

LOCANDA AI SANTI APOSTOLI

Cet hôtel 3-étoiles loge au cœur du Palazzo Michiel del Brusà, entre la Strada Nova et le Grand Canal. 10 chambres, une gestion familiale et un style très vénitien. Simple et idéalement situé, c'est la preuve qu'il n'y a pas que des palaces sur le Grand Canal...

Strada Nova, 4391 (plan H6) • Ⓥ Ca' d'Oro • ☎ 041 241 16 52 • www.locandasantiapostoli.com • Chambre double à partir de 99 €.

COMBO

Une auberge de jeunesse à Venise ! Dans l'ex-couvent de l'église des Gesuiti, entre le *campo* et un petit canal, le cadre est propre et très bien restauré. Du dortoir collectif de 12 lits à la chambre double en passant par le studio, plusieurs formules d'hébergement sont disponibles avec comme constante un mobilier moderne et un style épuré.

Campo dei Gesuiti, 4872 (plan C2) • Ⓥ Fta. Nuove • ☎ 041 528 61 03 • www.we-gastameco.com • De 25 à 200 € selon la saison ou la formule (petit déj. en supplément à 9 €).

CASA DEL MELOGRANO

Entre le *campo* et le canal, cet hôtel du Ghetto est idéalement situé. Les chambres sont modernes et simples, mais celles avec vue sur le canal jouissent d'un panorama exceptionnel sur le quartier de Cannaregio et la place du Ghetto. Petit déjeuner casher et quelques chambres accessibles en fauteuil roulant. Une adresse paisible.

Cannaregio, 2023 (plan B2) Ⓥ S. Marcuola • ☎ 041 520 88 07 • www.locandadelmelograno.it • Chambre double à partir de 90 €.

DOMUS ORSONI

Cette demeure du XIXe s., avec jardin et terrasse, dispose de 5 chambres design, décorées de mosaïques contemporaines.

Fondamenta di Cannaregio, 1045 (plan A1) • Ⓥ S. Marcuola • ☎ 041 275 95 38 • www.domusorsoni.it • De 80 à 180 €.

Lexique

FORMULES ET MOTS USUELS

Oui : ***si***
Non : ***no***
Monsieur : ***signore***
Madame : ***signora***
Bonjour : ***buongiorno***
Bonsoir : ***buona sera***
Bonne nuit : ***buona notte***
Au revoir : ***arrivederci***
Excusez-moi : ***scusi***
S'il vous plaît : ***per favore***
Merci : ***grazie***
Je vous en prie : ***prego***
Parlez-vous français ? anglais ? : ***parla francese ? inglese ?***
Je ne comprends pas : ***non capisco***
Parlez lentement : ***parli lentamente***
Puis-je voir ? : ***posso vedere ?***
Combien coûte ? : ***quanto costa ?***
Ouvert : ***aperto***
Fermé : ***chiuso***
À droite : ***a destra***
À gauche : ***a sinistra***
Attention ! : ***Òcio !***

TEMPORALITÉ

Lundi : ***lunedì***
Mardi : ***martedì***
Mercredi : ***mercoledì***
Jeudi : ***giovedì***
Vendredi : ***venerdì***
Samedi : ***sabato***
Dimanche : ***domenica***
Aujourd'hui : ***oggi***
Hier : ***ieri***
Demain : ***domani***
Le matin : ***la mattina***
L'après-midi : ***il pomeriggio***
Le soir : ***la sera***
Tout à l'heure : ***dopo***
Midi : ***mezzogiorno***
Minuit : ***mezzanotte***

NOMBRES

Un : ***uno***
Deux : ***due***
Trois : ***tre***
Quatre : ***quattro***
Cinq : ***cinque***
Six : ***sei***
Sept : ***sette***
Huit : ***otto***
Neuf : ***nove***
Dix : ***dieci***
Quinze : ***quindici***
Cinquante : ***cinquanta***
Cent : ***cento***
Mille : ***mille***

À LA GARE ET À L'AÉROPORT

Un billet pour... : ***un biglietto per...***
À quelle heure part... ? : ***a che ora parte... ?***
À quelle heure arrive... ? : ***a che ora arriva... ?***
Arrêt : ***fermata***
Bagages : ***bagagli***
Consigne : ***deposito***
Gare : ***stazione***
Horaire : ***orario***
Quai : ***binario***
Ticket : ***biglietto***
Train : ***treno***

À L'HÔTEL

Hôtel : ***albergo***
Pension de famille : ***pensione familiare***
Réservation : ***prenotazione***
Je désire une chambre : ***vorrei una camera***

LES VOYELLES

e n'est jamais muet, même en fin de mot.

u se prononce ou, même après g et q.

LES CONSONNES

c et g se prononcent comme en français devant a, o et u.

Mais :

ce = tché ; ci = tchi.

cia = tcha ; cio = tcho.

che = ké ; chi = ki.

chia = kia ; chio = kio ; chiu = kiou.

ge = dgé ; gi = dgi ; gio = djo ; giu = djou.

ghi = gui ; ghe = gué ; ghia = guia ; ghio = guio ; ghiu = guiou.

gli = li (mouillé) ; glie = lyé ; glia = lya ; glio = lyo ; gliu = lyou.

sce = ché ; sci = chi (sc devant a, o et u = sk) ; schi = ski ; sche = ské ; sciu = chou.

ENFIN

Le « r » doit toujours être bien roulé.

Les consonnes doubles doivent être accentuées.

Oubliez les sons nasaux (m et n sont toujours détachés).

L'accent tonique est le plus souvent situé sur l'avant-dernière syllabe.

À un lit, à deux lits :
a un letto, a due letti
Lit double :
letto matrimoniale
Chambre avec salle de bains :
camera con bagno
Serviette de bain :
asciugamano
Sèche-cheveux :
asciugacapelli
Quel est le prix ? :
qual è il prezzo ?
Petit déjeuner : *colazione*

À TABLE

Addition : *conto*
Bière : *birra*
Bon appétit ! : *buon appetito !*
Café : *caffè*
Café allongé : *caffè lungo*
Café crème : *cappuccino*
Chocolat : *cioccolata (in tazza)*
Couverts : *coperto*
Eau : *acqua*
Eau gazeuse :
acqua frizzante
Fromage : *formaggio*
Fruits : *frutta*
Gâteau : *dolce*
Glace : *gelato*
Hors-d'œuvre : *antipasti*
Jus de fruit : *succo di frutta*
Menu : *carta, lista*
Moutarde : *senape*
Pain : *pane*
Pâtes : *pasta*
Poisson : *pesce*
Salade : *insalata*
Sel : *sale*
Sucre : *zucchero*
Thé : *tè*
Veau : *vitello*
Verre : *bicchiere*

SHOPPING

Bijou : *gioiello*
Bon marché :
a buon mercato
Boutique : *negozio, boutique*
Chaussures : *scarpe*
Chemise : *camicia*
Cher : *caro*
Costume : *vestito*
Cuir : *cuoio*
Lingerie : *intimo*
Livre : *libro*
Payer : *pagare*
Pointure : *numero*
Prix : *prezzo*
Rabais : *sconto*
Retouche : *riparazione*
Robe : *vestito*
Sac à main : *borsetta*
Solde : *saldi, liquidazione*
Ticket de caisse : *scontrino*

URGENCES

Antiseptique : *antisettico*
Aspirine : *aspirina*
Comprimés : *compresse*
Hôpital : *ospedale*
Médecin : *medico*
Police : *polizia*

Index

F

G-H

I-L

M

N-O

P

CRÉDIT PHOTOGRAPHIQUE

Intérieur

Romain BOUTILLIER : p. 4 bas, p. 5 ht, p. 9 milieu, p. 10 ht, p. 12 bas, p. 13 ht, p. 17, p. 21, p. 22, p. 27, p. 28, p. 30, p. 35, p. 37, p. 43, p. 47, p. 50, p. 55, p. 56, p. 63 ht, p. 63 bas, p. 77, p. 84, p. 89, p. 91, p. 94, p. 96, p. 103, p. 106 ht, p. 107, p. 109 bas, p. 121, p. 128, p. 139, p. 143, p. 145, p. 155 bas, p. 156, p. 160, p. 162, p. 163, p. 169, p. 183, p. 187, p. 191, p. 193, p. 198, p. 202.

Patrice HAUSER : p. 6 milieu, p. 15, p. 36, p. 44, p. 45, p. 65, p. 72, p. 106 bas, p. 119 bas, p. 188, p. 215

Jérôme PLON : p. 2, p. 10 milieu, p. 10 bas, p. 16, p. 29, p. 53, p. 70, p. 81, p. 83, p. 85, p. 98, p. 102, p. 113, p. 140, p. 164, p. 180, p. 181, p. 200, p. 201, p. 214.

Mark Edward SMITH : p. 3 bas, p. 6 ht, p. 7 milieu, p. 13 bas, p. 14, p. 40, p. 90, p. 108, p. 109 ht, p. 115, p. 118, p. 120, p. 122, p. 124, p. 126, p. 129, p. 131, p. 132, p. 136, p. 146, p. 148, p. 150, p. 154, p. 159, p. 167, p. 170, p. 172, p. 174, p. 178, p. 179 bas, p. 184, p. 189, p. 195.

Lucie TOURNEBIZE : p. 3 ht, p. 11 milieu, p. 49, p. 51, p. 71, p. 97, p. 119 ht, p. 127, p. 155 ht, p. 179 ht, p. 196.

Adobe Stock : Andreamangoni : p. 12 ht ; bortnikau : p. 6 bas ; IrynaV : p. 110 ; Alberto Masnovo : p. 60 ; Paul Prescott : p. 9 ht ; Frédéric Prochasson : p. 8 ; rh2010 : p. 73 ; Yasonya : p. 105.

Hemis.fr : Arnaud CHICUREL : p. 4 ht ; Guy CHRISTIAN : p. 1 ; Gregory GERAULT : p. 24 ; Patrice HAUSER : p. 134 ; Jon Arnold Images : p. 11 bas, p. 32, p. 66, p. 69 ; John KEATES : p. 75 ; Emilio SUETONE : p. 147.

Photononstop : Baviera Guido/Sime : p. 38.

Shutterstock.com : Paul Brady Photo : p. 7 bas ; Claudio Divizia : p. 46 ; Chicco Dodife : p. 79 ; Angelo Giampiccolo : p. 23 ; Marilyn D. Lambertz : p. 5 bas ; Neirfly : p. 7 ht ; Sergey Novikov : p. 53 ; Oseity : p. 80 ; PlusONE : p. 86 ; Rosshelen : p. 11 ht ; Renata Sedmakava : p. 76 ; Fedor Selivanov : p. 61 ; viewgene : p. 9 bas.

Tous nos remerciements aux établissements et artistes suivants pour leur aide :

Peggy Guggenheim Collection, Venice/ Matteo De Fina : p. 59 (à g. : Alexander Calder, *Arc of Petals,* 1941 ; au centre : René Magritte, *Empire of Light,* 1953-54 ; à dr. : Pablo Picasso, *On the Beach,* 12 février 1937).

Œuvre de Latífa Echakhch, *Fantasia,* 2011 (fiberglass flag poles, steel bases, variable dimension, maximum height 10 metres ; installation view : ILLUMInations, 54 ; esposizione Internazionale d'Arte - Biennale di Venezia), courtesy of la Biennale di Venezia, the artist, Kaufmann - Repetto, Milano and Kamel Mennour, Paris/London : p. 85.

Œuvre de la Fondazione Giorgio Cini, *Labirinto Borges,* Venice : p. 103.

Couverture

Plat 1 : visuel principal (île de Burano) : © Mary Quincy ; visuel bas : © Westend 61/hemis.fr.
Plat 4 : visuel haut : © Jon Arnold Images/hemis.fr ; visuel bas : © GARDEL Bertrand/hemis.fr.

Dernière édition revue et enrichie par **Lucie Tournebize.**
Éditions antérieures revues et augmentées par **Jean-Philippe Follet, Marjolaine Koch** et **Nedjma Van Egmond.**
Édition originale établie par **Denis Montagnon.**

Direction : Nathalie Bloch-Pujo
Direction éditoriale : Cécile Petiau
Édition : Marine Barbier-Blin, Camille Dupont, Émilie Lézénès, Géraldine Péron, Adam Stambul, Julie Wood
Suivi éditorial : Nelly Mégret
Lecture-correction : Jean-Pierre Leblan
Ont également collaboré à cet ouvrage : Marella Barbera, Marie Lagrave, Émilie Prudhommeaux et Ionah Vasseur.
Cartographie : Frédéric Clémençon et Aurélie Huot, assistés de Yan Kiu Mok.
Fabrication : Liza Sacco

Conception graphique de la couverture et de la maquette intérieure : Caroline Joubert • www.atelier-du-livre.fr
Mise en pages intérieure : Chrystel Arnould

Contact presse : rmazef@hachette-livre.fr - ☎ 01 43 92 36 66
Contact publicité : vhabert@hachette-livre.fr - ☎ 01 43 92 32 52

Aussi soigneusement qu'il ait été établi, ce guide n'est pas à l'abri des changements de dernière heure, d'erreurs ou omissions. Ne manquez pas de nous faire part de vos remarques. Informez-nous aussi de vos découvertes personnelles, nous accordons la plus grande importance au courrier de nos lecteurs :

Guides Un Grand Week-end - Hachette Tourisme - 58, rue Jean-Bleuzen, 92 170 Vanves
weekend@hachette-livre.fr
Facebook @GuidesUnGrandWeekend • **Instagram** @ungrandweekend • **Twitter** @ungrandweekenda

Édité par Hachette Livre (58, rue Jean-Bleuzen, CS 70007, 92 178 Vanves Cedex)
Imprimé par Polygraf (Capajevova 44, 08199 Presov, Slovaquie)
Achevé d'imprimer : décembre 2019
ISBN : 978-2-01-706364-3 - 64-8049-9
Dépôt légal : janvier 2020 - Collection n°44 - Édition : 01